넬슨 만델라 선생님과 수상한 클럽

교과연계	
3-1 국어 ㉮	5. 내용을 간추려요
3-1 국어 ㉯	7. 아는 것을 떠올리며
4-1 국어 ㉯	7. 의견과 근거
5-1 국어 ㉮	1. 인물의 말과 행동

넬슨 만델라 선생님과 수상한 클럽

김미애 글 | 김무연 그림 | 신동수 도움글

주니어김영사

작가의 말

평등과 인권에 대해
생각해 보아요.

  코끼리와 사자와 토끼와 아기 거북이가 한 데 모여서 사과 네 개를 두고 어떻게 먹을까 하고 이야기를 나누고 있었어요. 토끼가 말했어요.
  "평등하게 한 개씩 똑같이 먹어야 해."
  "그건 평등하지 않아. 나는 덩치가 커. 너는 몸집이 작아서 사과를 한 개만 먹어도 배가 부르지만 나는 아니야. 그러니까 내가 더 많이 먹어야 해."
  코끼리가 말했어요. 그러자 사자가 나섰어요.
  "나는 동물의 왕이야. 내가 힘이 가장 세. 내가 가장 많이 먹을 거야."
  아기 거북은 덩치도 크지 않고 힘이 세지도 않았어요. 하지만 배가 고파서 사과를 꼭 먹고 싶었지요. 아기 거북이 틈을 보아 물었어요.
  "나는 배가 고파요. 먼저 조금만 먹어도 돼요?"
  "안 돼!"
  코끼리와 사자와 토끼가 한꺼번에 대답했어요. 그러고는 거북은 자신은 물에 산다며 자신들과 다른 곳에 사니까 나눠 먹을 수 없다고 했지요.

과연 누구 말이 옳을까요? 어떻게 사과를 나누는 것이 옳을까요?

우리는 여러 사람과 함께 살아가요. 남자와 여자, 힘 센 사람과 약한 사람, 가난한 사람과 부자, 그리고 외국인까지. 제각각 다르게 생기고, 다른 일을 하고, 다른 말을 쓰고, 다른 환경 속에 살아요. 다르다는 것은 옳거나 그른 것이 아니에요. 그런데 어떤 사람들은 '다르다'는 이유로 상대방을 우대하거나 반대로 무시하고 차별해요. 부자니까 예쁘니까 우대하고, 가난하니까 여자니까 무시하기도 하지요.

모든 사람은 사람으로서 당연히 누려야 할 권리, 인간답게 살 권리가 있어요. 이것을 '인권'이라고 해요. 사람이라면 누구나 당연히 가지는 기본적 권리지요. 그런데 지금 이 순간도 차별과 불평등으로 힘들어하는 사람들이 있어요. 반면 자신이 가진 힘을 권리처럼 나쁘게 쓰는 사람들이 있지요. 다른 곳에서 산다고 내쳐진 아기 거북처럼, 힘이 세다고 으름장을 놓는 사자처럼요.

여러분은 어떤가요?

차별 없는 건강한 사회를 응원하며

김미애

 차례

작가의 말 · 4

 **WB 클럽에 들어올래?** · 8
사회적 평등이 인류 행복의 유일한 토대이다

 **아이들은 아이들이다** · 20
아이들은 행복한 삶을 누릴 자격이 있다

 **무엇이 다를까?** · 36
모든 사람은 동등한 기회를 누리며 함께 살아야 한다

 **틀린 것과 다른 것** · 50
모든 시민은 언어와 문화, 종교에 대한 권리를 보장받아야 한다

내 생각과 행동은 나의 것 · 66
내 운명의 주인은 나다

'우리들의 창' 클럽 · 80
힘을 키우기 위해 상대방의 평등이나 인권을 억압하거나 망가뜨리면 안 된다

혼자 남은 아이 · 94
개인의 뜻이나 생각과 반대로 나쁜 대접을 받는 일도, 하고 싶은 일에 참여하지 못하는 일도 없어야 한다

46664 클럽 · 106
가장 강력한 무기는 폭력이 아니라 사람들과 이야기하는 것이다

진정한 인권 존중과 평화를 이루어 낸 넬슨 만델라 · 120

독후활동지 · 134

WB 클럽에 들어올래?
사회적 평등이 인류 행복의 유일한 토대이다

수업이 끝나자 영웅이가 해리와 태현이에게 눈짓을 했다. 셋은 선생님 말씀이 끝나길 기다렸다가 뒤쪽에 앉은 기영이에게 몰려갔다. 기영이는 멈칫하다가 몸을 뒤로 뺐다.

"저기……."

그 바람에 영웅이는 엉뚱한 아이에게 말을 하고 말았다. 눈살을 찌푸리며 영웅이는 그 아이가 사이에 끼어들지 못하게 앞으로 한 발짝 더 나아가 기영이와의 거리를 좁혔다.

"저, 나 좀 지나갈게."

그 아이는 작은 몸을 더 움츠리며 말했다. 목소리가 작아 겨우 알아들을 정도였다. 영웅이는 재빨리 그 아이를 훑어보았다. 같은 반에 있으니 같은 반 아이일 것이다. 하지만 낯익은 얼굴이 아니었다. 이름도 기억나지 않았다. 이건 그 아이가 별 볼 일 없다는 소리다. 영웅이는 그렇게 결론 짓고 몸을 그 아이 쪽으로 틀어 길을 아예 막아 버렸다.

"다른 데로 돌아가도 되잖아. 여긴 내가 먼저 왔어."

영웅이는 등을 돌린 채 말했다.

그 아이는 머뭇거리다가 줄지어 놓인 책상을 빙 돌아갔다. 그 자리를 해리와 태현이가 채웠다.

"정기영, 네가 일등이지?"

영웅이가 물었다. 기영이는 뭐라고 대답해야 할지 잠시 망설였다. 성적표를 받기는 했지만 등수가 없어서였다.

"몰라. 점수도 안 나오고 등수도 안 나오잖아."

그 정도는 영웅이도 안다. 하지만 누가 일등인지 아는 건 아주 쉬웠다. 선생님이 기영이에게 성적표를 나누어 주면서 어깨를 토닥이며 엄지를 들었다. 영웅이는 4학년 때도 같은 선생님이 담임이었는데 담임 선생님에게 엄지를 세 번 받았다. 시험을 모두 백점 맞았으니 일등인 건 당연했다.

"확인해 보면 되지."

해리가 기영이의 손에서 성적표를 채 가서 오른쪽 끝을 확인하고 영웅에게 내밀었다. 평가란에는 '매우 잘함'뿐이었다. '보통'을 세 개나 받은 영웅이는 기분이 상했다. 하지만 지금은 더 중요한 일이 있기 때문에 아무렇지 않은 척 웃어 보였다.

"역시 내 짐작이 맞았네. 축하해. 우리 지금 파티하러 가는데 같이 가자."

"파티?"

기영이 되물었다.

"시험 끝나면 늘 해. 재밌어. 같이 가자."

태현이가 거들었다. 해리는 기영이의 목에 팔을 두르며 어서 일어나라고 재촉했다. 기영이는 간지러워서 웃음이 나왔다. 갑자기 몸 구석구석이 간지러웠다. 친구들과 몰려다니는 건 오랜만이었다. 기영이는 기분 좋게 아이들을 따라나섰다. 그런데 교실 문을 나서자마자 설이가 앞을 가로막았다.

10

설이는 꼿꼿하게 서서 기영이를 노려보았다. 기영이는 설이의 시선이 불편해서 자꾸만 고개를 왼쪽으로 틀었다. 그러고는 애꿎은 발가락만 꼼지락댔다.

"설이도 같이 갈 거야."

태현이가 말했다.

기영이는 그제야 기억이 났다. 영웅, 해리, 태현, 설이는 언제나 뭉쳐 다녔다. 넷 사이에 한 명이 빠진 적은 있어도 다른 아이가 끼인 적은 없었다. 네 명은 한데 몰려다니기로 유명했다. 공부를 잘하는 아이 넷, 비싸 보이는 옷을 입은 아이 넷, 자기들끼리만 노는 아이 넷. 그래서 다른 아이들의 부러움과 시샘을 받았다. 기영이는 불편한 마음이 더 커졌다. 그러나 한편으로는 기분이 우쭐했다. 함께 어울리고 싶은 마음이 쑥쑥 커지고 있었다. 기영이는 아이들과 함께 영웅이의 집으로 갔다.

"어서 와라."

꽃무늬 치마를 입은 아줌마가 반갑게 맞았다. 영웅이는 엄마라고 소개했고 기영이는 엉거주춤 인사를 했다. 영웅이의 집은 놀랄 만큼 컸다. 집 안에 있는 가구들도 큼직큼직했다. 직사각형 식탁은 어른이 누워도 될 정도로 컸다. 식탁 위에는 잡채, 떡볶이, 케이크, 과자 등 음식이 가득했다. 기영이는 눈이 휘둥그레져 두

리번대다가 설이와 눈이 딱 마주쳤다. 입꼬리를 한쪽으로 비죽 올린 설이가 '허' 하며 비웃었다. 기영이는 주눅이 들었다. 자꾸만 돌아가는 눈동자와 목에 힘을 주고 버텼다. 음식이 입으로 들어가는지 코로 들어가는지 모르게 정신이 없었다.

음식을 먹은 뒤 영웅이는 텔레비전에 연결된 게임기를 켰다. 늘 하던 것처럼 아이들은 자연스러웠다. 게임이 끝나자 영웅이는 아이들을 방으로 데리고 가 기영이를 가운데 두고 빙 둘러 앉았다.

"너 어디 살아?"

영웅이가 물었다.

"무궁화 아파트."

순간 아이들이 마주 보았다. 영웅이가 턱을 치켜들자 해리가 어깨를 으쓱했다. 기영이는 영문을 몰라 아이들을 번갈아 보았다.

"어디 있겠지. 아파트는 많으니까."

그제야 기영이는 아이들이 무궁화 아파트 얘기를 한다는 것을 알았다.

"네 아빠는 뭐 하셔?"

이번에는 해리가 물었다.

기영이는 대답하지 못했다. 고깃집에서 숯을 굽는다는 말이 안 나왔다. 자기도 모르게 얼굴이 뜨거워져 쥐구멍에라도 숨고 싶었다.

"별 거 아니야. 질문에 대답하는 건 WB 비밀 클럽에 들어오기 위한 순서야. 클럽 이름은 'We are the best!'에서 '우리'를 뜻하는 'We'와 '최고'를 뜻하는 'best'의 앞 글자를 모아 만들었어. WB 클럽은 여태까지는 없었던 새롭고 멋진 클럽이야. 들어오는 게 좀 까다로워. 너는 지금 스카우트를 받은 거야. 참, WB 클럽에 들어오려면 몇 가지 규칙이 있어. 먼저 BMW 자전거가 있어야 해. 하지만 당장 없어도 괜찮아. 일주일 안에 사면 되니까. 다른 건 몰라도 이건 꼭 따라야 하는 규칙이야. 우리는 다 있어. 모두 WB 비밀 클럽 회원이니까."

영웅이가 의기양양하게 말했다. 그러고는 WB 회원이 지켜야 할 규칙을 적은 종이를 한 장 주었다.

> 규칙 1. BMW 자전거가 있어야 한다.
> 규칙 2. 클럽 회원들하고만 어울린다.
> 규칙 3. 클럽 회원에게 중대한 문제가 생기면 함께 해결한다.

"WB 클럽에 들어온 걸 축하해!"

해리와 태현이가 박수를 쳤다. 기영이는 고맙다고 인사했다. 그러나 설이는 여전히 부루퉁한 채 어떤 말도, 어떤 행동도 하지 않았다.

집으로 돌아오는 길에 기영이는 몇 번이나 멈추어 규칙이 적힌 종이를 보았다. 스카우트라니, 참 멋져 보였다. 문제가 생기면 함께 해결한다는 규칙도 멋졌다. 그런데 자전거가 고민이었다. 삼 년 전에 산 두발자전거가 있는데 BMW는 아니었다. 게다가 좀 작았다. 아빠한테 사 달라고 해야겠다고 막 결론을 내릴 때였다. 누군가 뒤에서 기영이의 가방끈을 잡아챘다. 설이였다.

"들어오지 마."

설이가 대뜸 쏘아붙였다.

"뭐?"

"들어오지 마!"

설이 목소리가 더 커졌다.

"왜? 너는 들어갔잖아. 나는 왜 안 되는데?"

기영이는 화가 나서 물었다.

"너 BMW 자전거가 얼마인지 알아? 백만 원도 넘는데 살 수 있어? 쟤들이랑 같이 비싼 학원에 다닐 수 있어? 겨울에는 스키장에 가고 여름에는 수영장에 다녀야 해. 할 수 있어? 못할 거면 시작도 하지 마."

설이는 제 할 말만 하고 가 버렸다. 기영이는 전봇대처럼 땅에 발을 붙인 채 한참 멍하니 서 있었다. 어느새 가로등이 하나둘 켜지기 시작했다. 기영이는 고개를 흔들어 멍한 기분을 떨쳐 냈다. 그러고는 느릿느릿 발을 떼며 설이가 한 말을 처음부터 곱씹었다. 백만 원짜리 자전거, 비싼 학원, 스키장, 수영장……. 이상했다. 웬일인지 곱씹을수록 기분이 나빠졌다.

퍽.

갑자기 무언가 기영이 머리에 닿았다. 단단하지만 딱딱하지는 않은 것. 기영이는 고개를 들어 앞을 보았다. 키가 큰 남자가 있었다. 머리가 하얗게 세었고 덩치가 컸다. 옷을 입었지만 근육이 다부지고 단단한 듯했다. 그리고 온통 까맸다. 눈만 반짝반짝 빛났다.

"으악!"

기영이는 깜짝 놀라 뒷걸음질을 치다 엉덩방아를 찧었다. 남자가 급히 다가왔고 기영이는 발로 땅을 지치며 달아나려고 버둥댔다. 그러나 남자는 기영이를 잡고 가볍게 일으켰다.

"얘야, 괜찮니? 놀라지 마라. 나는 롤리흘라흘라란다. 만델라라고 부르기도 하지. 네 이름은 뭐니?"

"정기영이에요. 죄, 죄송해요."

기영이는 사과했다.

"타고나는 것으로 나쁜 대우를 하거나 받으면 안 돼. 사람은 누구나 평등하니까. 나는 사회적 평등이 인류 행복의 유일한 토대라고 확신해. 차별하는 건 어떤 이유가 있든 잘못된 거야."

만델라 할아버지가 말했다.

공부를 잘하는 건 타고나는 걸까. 부자들은 처음부터 부자였을까. WB 클럽이 공부를 잘하고 잘 사는 아이들만 들어오게 하는 건 그렇지 않은 아이들을 차별하는 걸까. 그럼 클럽에 들어가는 건 나쁜 행동일까.

기영이는 마음이 복잡했다.

아이들은 아이들이다
아이들은 행복한 삶을 누릴 자격이 있다

　기영이는 걷다가 갑자기 속도를 늦췄다. 교문을 오 미터쯤 앞에 두었을 때였다. 영웅이를 비롯해 WB 클럽 회원이 막 교문으로 들어가고 있었다. 기영이는 WB 클럽 아이들과 지금은 마주치고 싶지 않았다. WB 클럽에 들어갈지 말지 마음이 오락가락했다. 하루가 지났지만 설이가 한 말이 아직도 귀에 쟁쟁했고, 만델라 할아버지의 말도 가슴 언저리를 계속 맴돌았다. 기영이는 천천히 교실로 들어가 조용히 자리에 앉았다.
　"정기영, 자전거 샀어?"

영웅이었다. 기영이는 한숨을 푹 내쉬었다.

'어떻게 하지?'

기영이가 머뭇하는 사이 해리와 태현이가 호들갑스럽게 끼어들었다.

"샀어?"

해리가 물었다.

"우아, 모델이 뭐야?"

태현이가 물었다.

기영이는 대답 대신 설이를 보았다. 다행히 설이는 책을 보고 있었다. 하지만 꼼짝도 하지 않고 꼿꼿하게 세운 등이 자신을 무시하는 것 같았다.

'백만 원짜리 자전거, 비싼 학원, 수영장. 너는 못 가지?'

설이가 그렇게 말하는 것 같아서 기영이는 가슴이 답답했다.

"야, 왜 대답이 없어. 이번 주말에 공원에 자전거 타러 갈 거야. 자전거 샀어?"

어느 틈에 해리가 다가와 기영이의 목을 감았다.

"아, 아직. 엄마 아빠가 시간이 없어서……."

"흐응, 그래? 직접 안 가도 돼. 온라인에서 사면 사은품도 더 많이 줄걸. 그리고 밤에도 살 수 있잖아. 돈만 있으면 돼."

해리가 하하 웃었다. 그렇다. 문제는 아주 간단했다. 돈만 있으면 된다. 하지만 기영이에게 돈은 아주 크고 복잡한 문제였다. 그런데 태현이까지 와서 같이 모델을 골라 준다는 둥, 사은품으로 자물쇠가 두 개 오면 한 개 달라는 둥 말이 많았다.

"으응……."

기영이는 들릴 듯 말듯 기어들어 가는 목소리로 대꾸했다.

"그만해. 알아서 하겠지. 아직 시간 있잖아."

설이가 새침하게 말했다.

해리와 태현이는 어깨를 으쓱이며 자리로 돌아갔다. 기영이는 설이에게 납죽 절이라도 하고 싶었다. 이어 수업 시작 종이 울리고 선생님이 들어왔다. 가무잡잡한 얼굴에 마른 몸, 선생님은 기영이 아빠와 무척 닮았다. 그러나 선생님은 교실에 있고 아빠는 고깃집 뜨거운 숯불 앞에 있다. 선생님은 사과가 맛있는 충청도에서 왔고 기영이 엄마 아빠는 북한을 탈출해 남한으로 왔다. 기영이 엄마 아빠가 말을 하면 사람들은 돌아서다가도 쳐다본다. 특이한 억양 때문이다. 그래서일까. 기영이의 엄마 아빠는 몇 달 만에 겨우 직장을 얻었다. 고깃집이었다. 그곳에서 아빠는 숯을 굽고 엄마는 설거지를 한다. 아침부터 저녁까지, 월요일부터 일요일까지. 기영이 태어나기 전부터 지금까지.

기영이는 자신이 못살거나 무엇이 부족하다고 생각해 본 적이 없었다. 계절마다 새 옷을 사고, 가끔 밖에서 밥을 먹고 영화를 보기도 한다. 하지만 백만 원이나 하는 자전거를 사는 건 다른 문제다. 그 돈은 엄마 월급에 버금간다.

'어떡하지?'

자전거가 없기 때문에 WB 회원이 될 수 없다고 생각하니 기영이는 왠지 억울했다. 너는 당연히 할 수 없을 거라는 표정으로 들어오지 말라고 쏘아붙이던 설이를 떠올리니 불쑥 오기가 났다.

"정기영. 야, 정기영!"

태현이의 목소리에 기영이는 정신이 번쩍 났다.

"일등은 수업이 끝나도 공부하냐? 책도 책상에 그대로 있네. 빨리 가방 챙겨. 수업 아까 아까 끝났어. 같이 편의점 가자."

해리가 목을 잡아끌었다.

몇몇 아이가 기영이를 보았다. 의아한 표정이 놀란 듯했다. 기영이는 자신이 조금 특별해진 것 같았다. 순간 기영이는 결정했다. 자전거를 사 달라고 하기로.

"응. 가자."

기영이는 WB 클럽 아이들과 편의점으로 갔다. 같이 컵라면을 먹고 이야기를 했다. 기영이가 공부 이야기를 할 때는 설이도 쫑긋 귀를 세웠다. 기영이는 기분이 좋았다. WB 클럽은 자신을 원하고 있었다.

"우리는 이제 학원에 갈 거야. 너는 어디 다녀?"

영웅이가 물었다.

"나는 학원에 안 가. 혼자 해. 아직은……. 근데 곧 갈 거야."

기영이는 머뭇거리다 뒷말을 붙였다.

집으로 돌아오는 길에 기영이는 엄마 아빠가 일하는 가게로 갔다. 가게 안쪽을 들여다보며 기웃거리는데 주인 아저씨가 얼굴을 찌푸렸다. 그러고는 이내 손을 휘휘 저어 쫓았다. 기영이 한 발짝 물러서는데 근무복을 입은 아줌마가 아는 체를 하며 나왔다.

"정 씨 부부 아들이구나. 엄마 찾니?"

"아, 아빠요."

"저 뒤로 가 봐라."

아줌마가 뒤쪽을 가리켰다. 기영이는 인사를 꾸벅 하고 가게 안을 가로질러 아줌마가 가리킨 방향으로 갔다. 저만치 아빠가 가게 안쪽을 등지고 쪼그리고 앉아 있었다.

탁 타닥. 가까이 다가갈수록 불씨 타는 소리가 났다. 뜨거운 열 기운도 조금씩 강해졌다. 아빠 머리 너머로 이글이글 타는 숯이 보였다. 빨간 숯덩이를 쇠그릇에 옮겨 담으며 이따금씩 이마를 닦았다. 그럴 때마다 아빠는 후욱 후욱 거친 숨소리를 냈다. 갑자기 아빠가 펄쩍 뛰며 일어났다.

"앗, 뜨거워. 이놈의 불이 또 난리네."

아빠는 모기를 잡을 때처럼 팔뚝을 딱 때렸다. 기영이는 점이 많은 아빠의 팔과 다리를 떠올렸다. 사실 그건 불똥에 데인 자국이었다. 기영이는 저도 모르게 뒷걸음질을 하면서 나중이라고 중얼거리며 도망치듯 가게를 빠져나왔다.

기영이는 터벅터벅 가방을 맨 채 힘없이 걸었다. 상가가 시작되는 곳을 막 지날 때였다. 어떤 형이 기영이에게 반짝거리는 종이 한 장을 내밀었다.

기영이는 걸음을 멈추고 종이를 보았다.

초대형 프리미엄 피트니스 개업 기념 할인.
선착순 50명. 건강 그 이상의 감동을 당신께 선물합니다.

헬스 클럽 전단이었다. 기영이는 전단과 형을 번갈아 보았다.
"야, 꼬맹이. 뭘 그렇게 봐?"
형이 퉁명스럽게 물었다.
갑자기 어디서 그런 용기가 났을까.
"이거 하면 돈 벌 수 있어요?"
기영이 대뜸 물었다. 순간 형이 얼굴색을 바꿔 웃으며 다가왔다.

기영이는 어제 처음 잠깐이라도 해 봤으니 거짓말은 아니라고 생각했다. 만델라 할아버지도 외모로 사람을 평가하는 건 옳지 않다고 했다. 기영이는 사장이 공평하다고 생각했다. 사장은 교과서가 이십 권쯤 들어갈 만한 상자를 주며 물었다.

"어디 사니?"

"무궁화 아파트요."

"좋아, 무궁화 아파트 앞 동신 아파트 114동을 맡아라. 현관문에 전단을 붙이면 돼. 거리에서 나누어 주는 것보다 쉬울 거야. 한 집에 한 장만 붙여. 안 붙이고 붙였다고 거짓말을 하면 안 돼. 전단을 망가뜨리면 네가 물어내야 해. 잘 하고 오면 2000원."

사장이 손가락을 두 개 폈다. 기영이는 신나서 밖으로 나갔다. 하지만 마음처럼 뛸 수 없었다. 전단 상자가 너무 무거웠다. 아파트까지 가는데 열 번도 넘게 쉬었다. 기영이는 114동을 찾느라 단지를 기웃거렸다.

"찾았다!"

"뭘 찾아? 여기서 뭐 하는 거야?"

기영이는 숨이 멎는 듯했다. 표준어를 쓰지만 특이한 억양, 안 봐도 알 수 있다. 아빠였다. 기영이는 겨우 고개를 돌려 돌아보았다. 아파트를 빙 둘러놓은 나무 울타리 건너편에 아빠가 있었다.

아빠는 나무 사이를 비집고 기영이가 있는 곳으로 왔다. 그러고는 기영이 들고 있는 상자를 거칠게 열었다.

"그, 그냥요. 심심해서……."

"심심하면 그냥 놀아. 전단 돌리는 건 재미있어? 그 말을 믿으란 소리냐? 무슨 일이야. 혹시 누가 괴롭혀?"

"아니에요. 돈이 필요해서……."

기영이는 말을 하다 말고 급하게 입을 다물었다.

"돈? 돈이 필요하다고? 돈을 버는 일은 어른이 하는 거야. 너는 아직 어려. 교육을 받고 보살핌을 받을 나이라고."

"나는 밥도 혼자 잘 차려 먹잖아요. 그런데 왜 돈을 버는 건 안 돼요?"

"어리니까! 혼자 할 일을 잘해도 넌 어린이야. 키가 아무리 커도 어린이는 어린이라고. 네가 할 일은 뛰어놀고 공부하는 거야. 알았어? 이런 건 필요 없어."

아빠가 기영이가 들고 있는 상자를 쳐냈다. 쿵 떨어지면서 전단이 쏟아졌다. 기영이는 떨어진 전단을 주우며 소리쳤다.

"안 돼요!"

"그만 둬. 당장 집에 가! 이따가 집에서 얘기하자."

아빠가 갔다.

기영이는 구겨지고 찢어지고 흙이 묻은 전단을 주웠다. 눈물이 핑 돌았다. 억울했다. 집 앞으로 오는 게 아니었다. 하필 그때 집에 온 아빠가 미웠다. 기영이는 상자를 챙기고 희망빌딩으로 갔다. 다른 아파트로 보내 달라고 할 참이었다. 하지만 사장은 기영이의 말을 듣지도 않고 호통을 쳤다.

"맙소사, 이게 뭐야? 나간 지 한 시간도 안 돼서 전단을 망가뜨리고. 일도 망치고 전단도 망쳤으니 값을 물어내야지. 암."

사장은 아까처럼 손가락 두 개를 폈다. 그러면서 깎아 주는 거라며 사실은 더 많이 물어내야 한다고 했다. 기영이는 참았던 울음을 터뜨렸다. 잘못했다고 싹싹 빌었다.

그때였다. 쾅 문이 열리고 만델라 할아버지가 들어왔다. 기영이는 아는 얼굴을 보자 더 서럽게 울었다.

"지금 아이한테 무슨 짓을 하는 겁니까?"

만델라 할아버지가 물었다.

사장은 멈칫하는가 싶더니 검은 외국인이 한국말을 하자 얕보며 자세를 고쳐 앉았다.

"외국인 노동자인가 보군. 당신이 무슨 상관이오?"

"상관 있습니다. 나는 어른이고 기영이는 아이니까요. 어른이 아이를 보살피고 보호해야지 일을 시키면 어떡합니까?"

"흥! 난 돈이 필요한 아이에게 일을 준 것뿐이오. 특별히 배려해 주었더니 이런 꼴을 당하는군. 기가 막혀서."

"아이들은 마음껏 뛰어놀아야 합니다. 아이들은 아이이기 때문에 행복한 삶이 줄 수 있는 것을 누릴 자격이 있어요. 우리는 한 국민으로서 아이들의 마음에 햇살이 깃들게 할 의무가 있어요."

"헛소리 마시오. 내가 손해 본 게 얼마인데……. 이 애가 망쳐 놓은 전단 값을 물어줄 거 아니면 상관 마시오."

"아이에게 일을 시키는 것은 불법입니다. 그런데 아이를 협박하고 돈을 내놓으라니! 원하면 법으로 시비를 가려 보지요."

만델라 할아버지가 목소리를 높였다.

움찔한 사장은 소리를 고래고래 지르며 만델라 할아버지와 기영이를 내쫓았다. 만델라 할아버지는 기영이의 손을 잡고 건물을 나와 따뜻한 우유 한 잔을 사 주었다. 기영이는 빨대로 우유를 쪼로록 빨면서 만델라 할아버지를 보았다.

"편의점 앞에서 너를 봤는데 몇 번이나 불러도 못 듣더구나. 눈물이 그렁그렁해서 무거운 상자를 들고 있고. 집에 가는 것 같지도 않아서 이상해서 따라왔다. 대체 무슨 일이니?"

만델라 할아버지가 물었다.

기영이는 차마 입이 떨어지지 않았다.

"그래. 말하고 싶지 않으면 안 해도 된다. 그런데 아이들은 스스로 감당할 수 없는 일을 강요받으면 안 돼. 어린아이에게 일을 시키는 건 폭력이야. 아이들은 즐겁게 뛰어 놀아야 해. 언제 어느 순간이든 네가 소중하다는 것만 잊지 마라."

만델라 할아버지는 기영이를 집 앞까지 데려다 주었다.

아동은 보호받아야 한다!

아동의 권리와 자유를 보장하기 위해 1959년에 '국제연합아동권리선언'이 선포되었어요. 아동은 신체적으로나 정신적으로 성숙하지 못한 상태이니 적절한 법적 보호를 포함해 특별한 보호와 관리를 받아야 한다는 내용이에요.

1. 아동은 인종, 피부색, 성별, 언어, 종교 등 모든 차별로부터 벗어나 이러한 권리를 누릴 자격이 보장되어야 한다.

2. 아동은 신체적·정서적·윤리적·정신적·사회적 측면에서 성장할 수 있도록 법률과 모든 수단에 의해 기회와 편의가 모두에게 제공되어야 한다.

3. 아동은 태어나면서부터 이름과 국적을 취득할 권리가 보장되어야 한다.

4. 아동은 건강하게 성장하고 발달할 권리가 보장되어야 하고, 이를 위해 아동과 어머니는 출생 전후의 적절한 보살핌과 특별한 관리와 보호를 받아야 한다.

5. 신체나 정신적 장애, 사회적 장애를 지닌 아동은 특별한 처우와 교육과 보호를 받아야 한다.

6. 아동은 가능한 한 부모의 책임 하에 보호를 받으면서 안정된 환경에서 성장해야 한다. 나이 어린 아동은 예외를 제외하고 어머니와 격리되어서는 안 된다. 사회와 공공 기관에게는 가족이 없는 아동과 적절한 생계 수단이 없는 아동에게 특별한 보호 조치를 취해야 할 의무가 있다. 대가족에 속하는 아동의 생계비에 대해 정부 보조금과 기타 형태의 지원금이 지급될 필요가 있다.

7. 아동에게는 최소한 기초 단계의 의무 교육을 자유롭게 받을 권리가 있다. 아동의 이익을 최대한 보장하려면 교육과 학습 지도를 책임질 수 있는 지침이 마련되어야 한다. 그 책임은 누구보다도 아동의 부모에게 있다. 아동에게는 놀이와 오락을 즐길 수 있는 충분한 기회가 제공되어야 한다. 놀이와 오락은 교육과 똑같은 목적에서 관리되어야 한다. 사회와 공공 기관은 이 권리가 한층 더 잘 보장될 수 있도록 최선의 노력을 기울여야 한다.

8. 아동은 모든 상황 속에서 가장 먼저 보호와 구조를 받아야 한다.

9. 아동은 모든 형태의 무관심과 잔혹 행위와 착취 행위로부터 보호되어야 한다. 아동은 어떤 형태로든지 매매의 대상이 되어서는 안 된다. 아동은 최소 적령기 이전에 어떤 직업이나 고용 형태에 종사하도록 강요받거나 허용되어서는 안 된다.

10. 아동은 인종 차별과 종교적 차별을 포함하여 모든 형태의 차별을 조장하는 행위로부터 보호받아야 한다. 아동은 자신의 마음 속에 이해와 관용과 친선과 평화와 보편적 형제애가 충만하고, 자신의 활동력과 재능을 자신의 동료를 돕는 데 쏟아부어야 한다는 점을 충분히 자각할 수 있도록 가르침을 받아야 한다.

무엇이 다를까?
모든 사람은 동등한 기회를 누리며 함께 살아야 한다

　기영이는 WB 클럽 회원들과 함께 영어 교실로 갔다. 모두 네모난 모둠 책상에 둘러앉았는데 의자가 하나 남았다. 모둠 책상마다 의자가 다섯 개인데 영웅이의 모둠만 한 개 더 많았다. 영웅이는 누가 앉기 전에 의자를 치우려고 일어섰다. 그런데 동시에 성민이가 의자에 앉았다. 영웅이는 얼굴을 찌푸리며 고개를 저었다. 해리와 태현, 설이는 영웅이의 신호를 받고 살짝 고개를 끄덕였다. 아이들은 성민이를 못 본 척했다.
　하지만 기영이는 성민이를 보느라 그 신호를 보지 못했다. 3학년 때, 기영이는 성민이와 종종 놀았다. 그 일이 있기 전까지는.

사회 시간이었다. 세계 여러 나라에 대한 이야기를 하던 중 성민이가 베트남에 가 보았다고 발표했다. 아이들은 '우아' 하면서 박수를 쳤다. 엄마가 베트남 사람이라는 말에도 '우아' 하고 소리쳤다. 박수는 없었다. 대신 장난을 쳤다.

"베트남 사람이라서 까만 거야?"

"엄마도 그래?"

"뉴스에서 봤어. 네 엄마 베트남에서 우리나라로 시집온 거야?"

"베트남 말 해 봐."

"거미 먹어 봤어?"

엉뚱한 질문을 하는 아이도 있었다. 기영이도 그랬다. 싫어서 장난을 친 적은 한 번도 없었다. 그런데 그 일이 있고 나서 성민이는 조금씩 달라졌다. 처음에는 말이 줄었다. 그 다음에는 조용히 혼자 다녔다. 언제부턴가 기영이의 기억에서 성민이가 사라졌다.

5학년이 되고 같은 반이 되었는데 처음에는 알아보지 못했다. 키가 아주 컸기 때문이다. 피부색도 더 짙어졌다. 나중에 성민인 걸 알았지만 말을 걸기 어려웠다. 성민이는 늘 입을 꾹 다물고 있었다. 기영이는 오른쪽에 앉은 성민이를 향해 어색하게 인사했다.

"아, 안녕?"

다문화 가족이란?

다문화 가족은 국적이나 인종, 문화가 다른 사람들로 구성된 가족을 가리키는 말이에요. 우리나라는 한때 단일 민족 국가였지만 20세기 말부터 국제 결혼이 늘어나면서 변화가 생겼어요. 지금은 다문화 가족이라는 말을 사용하고 있지만 예전에는 다문화 가족과 그 자녀들을 혼혈 가족, 혼혈아 등으로 부르며 차별했어요. 현재 우리나라에서 말하는 다문화 가족은 우리와 다른 민족이나 문화적 배경을 가진 사람을 통틀어서 가리키는 말이에요. 여러 시민 단체에서 혼혈아, 국제 결혼 등의 차별적 용어 대신 '다문화 가족'으로 대체하자고 권장하면 널리 쓰이고 있답니다.

연도	2007	2008	2009	2010	2011	2012	2013	2014	2015	2016
인원	4만 4258	5만 8007	10만 7689	12만 1935	15만 1154	16만 8583	19만 1328	20만 4204	19만 7550	20만 1333

단위: 명

다문화 가족 자녀 현황(외국인주민현황조사, 행정안전부)

그러자 책상 아래로 누군가 발을 툭툭 쳤다. 고개를 드니 해리가 눈을 찡긋하며 '규칙 2'라고 입모양을 만들었다.

"아!"

기영이는 WB 클럽 규칙을 떠올렸다.

규칙 2. 클럽 회원들하고만 어울린다.

'인사도 하면 안 되는 건가?'

순간 기영이의 얼굴이 뜨겁게 달아올랐다. 성민이가 알아챘을까 봐 마음이 쓰였다. 성민이의 왼쪽에 앉은 태현이가 성민이 쪽으로 등을 내밀고 책상으로 몸을 숙이며 물었다.

"새로 오는 원어민 선생님 봤어?"

"아니."

설이가 대답했다. 여전히 표정은 딱딱했다.

"여자 선생님이면 좋겠다."

해리가 말했다.

기영이는 대화에 끼지도 못하고 모른 척하지도 못했다. 가끔씩 고개를 끄덕이며 장단을 맞추었다. 반 아이들 모두 새로 오는 원어민 선생님에 대한 기대로 부풀어 있었다.

수업 종이 울리고 동시에 교실 문이 열렸다. 선생님은 할아버지였다. 피부가 검고 머리가 희고 덩치가 컸다. 여기저기서 푸시식 김 빠지는 소리가 났다. 에이, 하고 대놓고 투덜대는 아이도 있었다. 기영이는 깜짝 놀라서 눈이 휘둥그레졌다. 영어 원어민 선생님은 바로 만델라 할아버지였다.

"안녕, 반갑구나. 내 이름은 롤리흘라흘라란다. 만델라라고 불러도 돼. 하하. 젊고 예쁜 선생님이 아니라 실망했구나. 하지만 외모만 보고 판단하기 없기다. 내 수업은 아주 재미있거든."

만델라 선생님이 싱긋 웃었다. 깨끗하고 하얀 이가 드러났다. 만델라 선생님은 아이들 이름을 한 명씩 부른 다음 영어 수업을 도와줄 아이를 뽑겠다고 말했다. 영어를 좋아하는 연주와 회장인 영웅이가 손을 들어 후보로 나갔다. 아이들은 원하는 후보에게 손을 들었다. 15 대 15로 같은 표가 나왔다.

"모두 서른 한 명이니까 한 명이 모자라네. 손을 안 든 사람!"

만델라 선생님이 물었다.

아이들은 손을 안 든 사람을 찾아 눈동자를 바삐 굴렸다. 영웅이는 맞은편에 앉은 성민이를 보았다. 아까부터 책을 보고 있었다. 그런데 진짜로 책을 보는 것은 아니었다. 책이랑 얼굴 사이에 겨우 주먹이 들어갈 정도로 고개를 숙이고 있었다.

"야, 너 투표했어?"

영웅이가 물었다.

성민이 고개를 들었다. 성민이는 표정 없는 얼굴로 영웅이를 보았다. 영웅이는 몸을 뒤로 살짝 빼며 다시 물었다.

"투, 투표 했냐고?"

그제야 성민이 칠판을 보았다.

"자, 우리에게는 여러 가지 권리가 있어."

만델라 선생님이 말했다.

그러면서 알겠냐고 물어볼 때는 성민이와 눈을 맞추었다.

투표가 끝났다. 연주 16표, 영웅 15표. 성민이가 연주에게 손을 든 것이다. 영웅이는 화가 났다. 별 볼 일 없는 성민이 따위 때문에 선거에서 떨어지다니 분하고 억울했다. 영웅이는 손톱이 손바닥을 파고들 정도로 주먹을 꽉 쥐었다. 그런데 엎친 데 덮친다더니 만델라 선생님이 모둠끼리 퀴즈 대회를 한다고 했다. 모둠 책상에 앉은 아이들이 한 모둠이 같은 편이었다. 영웅이는 성민이를 노려보다 고개를 휙 돌렸다.

"도우미 나오렴."

만델라 선생님은 연주에게 작은 화이트 보드와 펜을 주고 각 모둠에 나누어 주라고 했다. 그리고 자리로 돌아가는 연주에게 고맙다고 인사했다. 영웅이는 또 화가 났다.

"모니터에 영어 단어가 세 개씩 나올 거야. 그럼 모둠끼리 의논해서 공통점을 찾은 다음 화이트 보드에 영어로 단어를 적으면 돼. 문제는 모두 열 문제다. 그럼 시작해 볼까?"

달칵 소리가 나고 모니터에 영어 단어가 나타났다.

kangaroo(캥거루)   chair(의자)   sun(해)

모둠 아이들은 머리를 맞대고 속닥속닥 떠들었다.

"이리 모여."

영웅이는 모둠 아이들 각각에게 손짓을 했다. 하지만 성민이는 쏙 뺐다. 기영이는 영웅이가 그러는 걸 못 본 척했다. 같이 하자고 말할 용기가 나지 않았다. 그렇다고 자신은 성민과 하겠다고 말할 용기는 더 없었다. 다음 문제도, 그 다음 문제도 WB 클럽 아이들끼리만 이야기했다. 기영이는 오른쪽을 흘깃 보았다. 성민이는 움직이지 않고 가만히 있었다.

만델라 선생님이 다가왔다.

"얘들아, 이건 모둠 활동이야. 함께 의논하고 함께 문제를 풀어야 해. 그런데 아까부터 성민이가 한 마디도 안 하는 것 같은데 무슨 문제가 있니?"

만델라 선생님이 물었다.

"없어요. 쟤는 원래 말을 안 해요."

영웅이가 대답했다.

성민이는 아랫입술을 꼭 깨물었다. 만델라 선생님은 잠깐 멈추었다가 다시 말을 이었다.

"어떤 일이든 누구에게나 똑같이 말하고 선택하고 행동할 수 있는 기회를 줘야 해. 그러다가 서로 생각하는 것이 다르면 토론을 하고 이야기를 나누는 거야. 문제에 대해 고민하고 옳고 그름을 따지며 함께 결과를 만들어 내는 거지. 이게 바로 민주주의야. 민주주의가 없으면 평화도 없어. **나는 모든 사람이 조화롭게 동등한 기회를 누리며 함께 사는 사회가 민주적이고 자유로운 사회라고 생각해.** 나라나 피부색처럼 겉으로 보이는 것 때문에 기회를 안 주는 건 잘못된 거야."

만델라 선생님이 말했다. 그러고는 천천히 아이들과 눈을 맞추었다. 만델라 선생님의 눈빛은 따뜻했고 입가에는 미소가 어렸다. 하지만 기영이는 선생님을 똑바로 보지 못했다. 조금 전 일을 모른 척한 것을 들킬까 봐 마음이 불편했다. 기영이는 고개를 깊이 숙였다.

잠시 후, 만델라 선생님이 다시 말을 시작했다.

"얘들아, 오늘 퀴즈 수업은 다음 수업으로 미루어야겠다. 대신 이야기를 하나 들려주마."

옛날에 늙고 병든 할머니가 있었다.

어느 날, 여행을 하는 남자가 할머니 옆을 지나는데 할머니가 말했다.

"도와주세요."

남자는 걸음을 멈추고 할머니를 보았다. 할머니는 구멍이 나고 헤진 낡은 옷을 입고 있었다. 옷 사이로 드러난 팔과 다리에는 흙먼지가 엉켜 있었고, 눈에는 눈곱이 덕지덕지 끼어 몹시 지저분했다. 남자는 망설이다가 할머니의 눈길을 피해 버렸다. 그러고는 서둘러 길을 떠났다.

할머니는 여행을 하는 다른 남자에게 다시 부탁을 했다.

"여행자님, 내 눈곱을 닦아 주세요."

두 번째 남자도 할머니를 보고 망설였다. 하지만 이내 할머니에게 다가갔다. 정성껏 눈곱을 닦아 주고, 팔과 다리에 묻은 흙을 털어 주었다. 순간 할머니는 젊고 아름다운 여자로 변했다. 두 사람은 서로에게 마음이 끌려 사랑에 빠졌고 결혼을 했다. 그리고 오랫동안 행복하게 잘 살았다.

만델라 선생님은 이야기를 마치고 이런 말을 덧붙였다.

"내가 어렸을 때 어머니가 들려준 이야기이다. 아름다운 행동과 너그러운 마음은 우리가 알지 못하는 방법으로 보답해 준다는 것을 알려 주는 이야기지. 그래서 어렸을 때 들은 이야기지만 아직도 가슴에 남아 있어. 너희는 첫 번째 남자와 두 번째 남자 중 어떤 사람이 되고 싶니?"

만델라 선생님이 물었다.

그러고는 아이들에게 인사를 하고 교실을 나갔다. 만델라 선생님은 바로 대답을 하라는 것은 아닌 것 같았다.

기영이의 머릿속에는 만델라 선생님의 질문이 계속 맴돌았다.

# 틀린 것과 다른 것
모든 시민은 언어와 문화, 종교에 대한 권리를 보장받아야 한다

영웅이는 온몸으로 기분이 나쁘다는 티를 냈다. 급식실에 갈 때에는 쿵쿵 발을 구르고, 밥을 먹을 때는 숟가락과 젓가락을 세게 놓으며 퉁탕 소리를 냈다. 그러면서 한 번씩 성민이를 노려보았다. 기영이는 기분이 이상했다. 왠지 모르게 자꾸 심장이 뛰고 숨이 가빴다.

영웅이가 식판을 들고 일어났다. 해리와 태현이가 따라 일어났다. 잠시 후 설이도 따라 일어났다. 기영이는 천천히 남은 밥을 먹었다. 하지만 금방 일어나야 했다. 급식실 밖에서 아이들이 기다리고 있었기 때문이다. 기영이는 서둘러 급식실을 빠져나가다가 맞은편에서 오는 성민과 부딪혔다. 둘 다 뒤로 황급히 물러났다.

"앗!"

성민이가 외마디 소리를 질렀다. 다리가 꺾이면서 몸이 흔들린 것이었다. 그 바람에 성민이는 급식실 문 앞에 서 있던 설이 발을 밟고 말았다.

"아야!"

설이가 소리를 질렀다.

"미안."

성민이는 팔짱을 끼며 설이 쪽으로 다가갔다. 그러고는 몸을 숙여 설이 발을 살폈다. 순간 영웅이가 성민이를 밀쳤다. 성민이는 넘어지지 않으려는 듯 다리에 힘을 주고 버텼다.

"야, 미안하다고 말만 하면 다냐? 팔짱을 끼고 사과를 하는 게 어디 있냐? 너는 잘못하면 팔짱 끼고 으스대는 게 예의냐?"

영웅이가 화를 냈다. 그런데 영웅이는 화가 났다기보다는 신이 나 보였다. 반대로 성민이는 화가 나 얼굴이 붉으락푸르락했다. 성민이는 씩씩대며 대답했다.

기영이가 영웅이의 팔을 잡으며 말했다.

"안 돼. 규칙 3 까먹었어? 우리는 함께 움직여."

"맞아. 설이 문제는 우리 문제야."

태현이까지 영웅이를 거들고 나섰다.

규칙 3. 클럽 회원에게 중대한 문제가 생기면 함께 해결한다.

기영이는 한숨이 나왔다. 규칙 3번이 이런 경우에도 해당될 줄은 몰랐다. 기영이는 한 발짝 뒤로 물러났다.

"베트남 말 쓰지 마. 그게 무슨 말인지 우리가 어떻게 알아?"

"맞아. 방금도 욕한 거 아니야? 기분 나쁘니까 우리말로 해."

태현과 해리까지 성민이를 몰아붙였다.

"욕 아니야. 그리고 나는 한국어나 베트남어나 다 우리말이야."

성민이는 금방이라도 울 것 같은 표정이었다. 기영이는 설이를 보았다. 설이는 얼굴을 찌푸린 채 고개를 돌리고 있었다. 가슴이 조마조마했다. 기영이는 이 상황이 빨리 끝나기를 바랐다. 말리고 싶었지만 입이 떨어지지 않았다. 아이들이 더 모여들었다. 곧 선생님도 나올 것이다. 기영이는 눈을 질끈 감고 영웅이에게 손을 뻗었다. 하지만 영웅이의 팔뚝을 잡는 순간 그대로 멈추어 버렸다.

"가. 너희 나라로 가면 되지. 베트남도 너처럼 까맣지?"

영웅이 말에 여기저기서 웃음소리가 났다. 기영이는 영웅이의 팔을 놓고 동시에 소리쳤다.

"그만해. 너무 심하잖아!"

"내 말이 틀려? 쟤는 까맣고 베트남 사람이야. 다 사실이야."

"사실이어도 그렇게 말하는 건 나쁜 거야. 놀리는 거잖아. 사람을 겉모습으로 판단하면 안 돼. 너는 겉모습만 보고 잘잘못을 알 수 있어? 성민이가 얼굴이 까만 게 잘못이 아니라 설이 발을 밟은 게 잘못이잖아. 그리고 그건 아까 미안하다고 했어."

"그럼 내가 잘못했다는 거야?"

기영이와 영웅이는 마주보고 씩씩댔다. 설이는 깜짝 놀랐다. 왠지 속이 시원한 느낌이 들었기 때문이다.

"야, 왜 그래?"

해리가 영웅이를 말렸다.

"우리끼리 이러면 어떻게 하냐?"

태현이도 말렸다.

그것이 영웅이 화를 더 돋웠다. 영웅이는 길이 안 든 망아지처럼 펄쩍 뛰며 기영이에게 고래고래 소리를 질렀다.

"만약, 너희가 흑인이거나 남자 혹은 한국이 아닌 다른 나라에서 태어났다면 어떨까? 처음부터 심부름꾼으로 태어난 거지."

"에이, 말도 안 돼요. 심부름꾼은 정말 말도 안 돼요."

"네. 불공평해요."

"그러면 나는 꼭 한국에서 태어날 거예요."

아이들이 저마다 한마디씩 했다. 하지만 영웅이는 입을 꾹 다물고 있었다. 만델라 선생님은 웃으며 말을 이었다.

"흐음, 너희 생각이 비슷하구나. 피부색과 인종 그리고 남자와 여자를 나타내는 성별은 태어날 때부터 가지고 태어나지. 그래서 사람에게 특별한 위치를 지니게 할 수 없어. 이것은 모두에게 선물 같은 거야. 그러니 피부색, 인종, 성별 따위로 사람을 차별하는 것은 나쁜 행동이야. 어떤 문제가 생겼다면 그것은 피부색, 인종, 성별의 문제가 아니라 생각의 문제인 거지."

예비 수업종이 울렸다.

"곧 수업 시작하겠다. 얼른 들어가라. 그리고 방금 너희가 한 말도 잘 생각해 봐."

영웅이는 벌떡 일어나 운동장으로 뛰어갔다. 해리와 태현이도 뛰어갔다. 그 뒤를 설이가 잰걸음으로 따라갔다. 기영이는 천천히 걸음을 뗐다.

우리나라도 다문화 사회가 되었어요!

다문화 사회는 한 사회 안에 다른 인종, 종교, 계급 등 다양한 문화가 함께 있는 사회를 말해요. 우리나라도 외국인 근로자, 국제 결혼 등이 늘어나면서 다문화 가정도 해마다 늘어나고 있어요. 그런데 피부색, 언어, 생김새 등이 다르다는 이유로 차별이나 불이익을 받는 등 문제가 끊이지 않아요. 인종, 성별, 국적은 선택해서 태어나는 게 아니기 때문에 넓은 마음으로 함께 살아가야 한답니다.

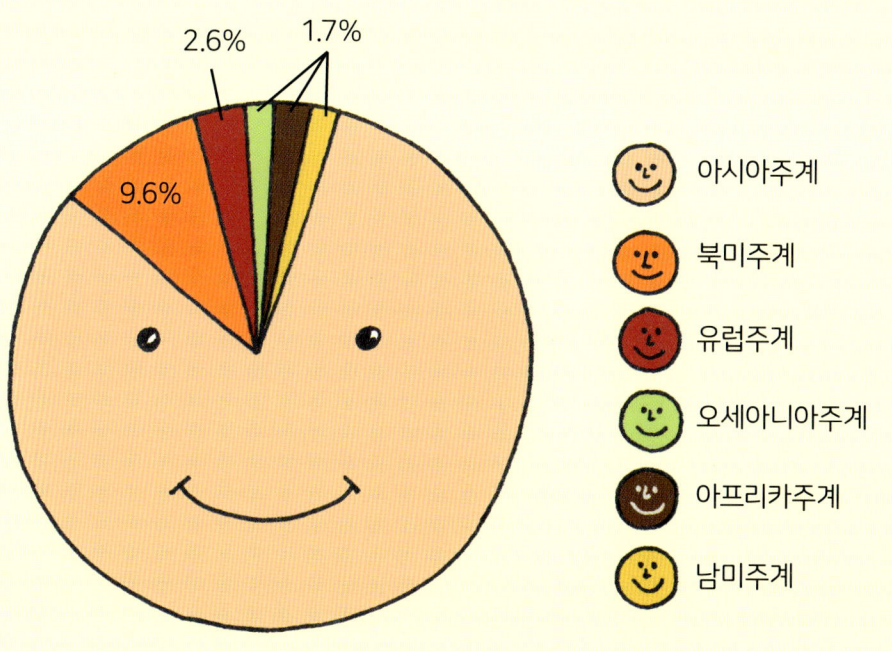

대한민국 내 체류 중인 외국인 비율(2015년 4월 기준)

"고마워."

성민이가 말을 걸어 왔다.

기영이는 잠시 사이를 두었다가 대답했다.

"네 편 든 거 아니야. 그냥 사실을 말한 거야."

기영이는 더 하고 싶은 말이 있었지만 속으로 삼켰다. 영어 수업 시간에 모른 척하고 3학년 때 놀린 것까지 모두 미안하다고. 나쁜 마음은 없었다고. 그래도 미안하다고.

수업이 끝났다.

그리고 WB 클럽도 끝났다. 기영이는 WB 클럽 초대 취소 쪽지를 받았다. 쪽지를 구겨 휴지통에 던지고 교실을 나섰다. 앞쪽에 WB 클럽 아이들이 가고 있었다. 기영이는 운동장 구석에 있는 의자로 갔다. 큰 나무가 있어 교문이 보이지 않는 곳이었다.

"휴."

기영이는 한숨을 길게 뱉었다.

"유명해졌더라."

고개를 들자 만델라 선생님이 기영이를 보며 활짝 웃고 있었다. 만델라 선생님은 학교에 베트남 아이와 북한 이주민 아이가 아주 유명해졌다고 했다. 그 말을 들은 기영이는 고개를 떨구었다. 만델라 선생님이 기영이의 어깨를 두드렸다.

"고개를 들어. 너는 옳은 행동을 한 거지 잘못을 한 게 아니야. 말과 행동이 다르다고 다른 사람을 얕보거나 놀리고 차별하는 건 나쁜 행동이야. **모든 시민(사람)은 언어와 문화, 종교에 대한 권리를 보장받아야 하거든.** 나는 대학 때 한 친구가 하례 관습을 지키지 않아서 매우 기분이 나빴단다. 하지만 내 관습을 잣대로 다른 사람을 평가하거나 깔보면 안 된다는 것을 깨달았어. 나의 관습이 아무리 자랑스럽다고 생각해도 말이야. 그러니까 오늘 너는 매우 멋진 행동을 한 거야. 용기 있는 행동이기도 하고."

 기영이는 조금 기분이 좋아졌다. 그렇다고 걱정까지 사라진 건 아니었다. 만델라 선생님 말대로 기영이는 아이들에게 조금 유명해졌다. 용기 있는 행동을 했기 때문일까. 아니면 아빠가 북한 이주민이기 때문일까.

"용기 있는 행동 뒤에는 가끔 힘든 일이 따라오기도 하지."

 만델라 선생님이 기영이를 쳐다보며 말했다. 꼭 기영이가 무슨 걱정을 하는지 아는 것 같았다. 기영이는 만델라 선생님에게 용기를 내 물었다.

"선생님도 그런 적이 있어요?"

"응, 예전에 인권 운동을 하다가 27년 동안이나 감옥에 갇혀 있

었어."

"인권 운동을 한 이유가 뭐였어요?"

"잘못된 것은 바로 잡아야 했으니까. 나는 다시 태어나도 똑같이 할 거야. 우리 국민이 억압받지 않고 행복하게 살 수 있도록 문제를 해결하는 것이 나의 일이니까. 오늘 있었던 일 때문에 많이 걱정되니?"

"조금요. 성민이도 그랬어요. 엄마가 베트남 사람이라고 말했을 때요. 그때부터 아이들이 성민이를 피하고 놀리기 시작했어요. 사실은 저도 그랬어요."

"그랬구나. 너도 성민이 같은 일을 겪을 것 같아서 걱정되니? 혹시 오늘 한 일을 후회하니?"

"잘 모르겠어요."

"그래. 처음에는 힘들 수도 있어. 하지만 너는 네가 옳다고 생각하는 것을 선택했고 행동한 거야. 나는 네 선택을 응원한다. 옳은 것은 결국 이기게 되어 있거든."

만델라 선생님이 기영이의 어깨를 꽉 안았다.

'인권'이란 무엇인가요?

인권은 사람으로서 당연히 누려야 할, 인간답게 살 권리예요.

가난하든 부자든, 장애인이든 아니든,

여자든 남자든, 외국인이든 우리나라 사람이든 사람은 누구나 인권을 갖고 있어요. 하지만 외모나 성별, 국적 등이 다르다는 이유로 인권을 무시하는 경우가 있어요.

국제 연합(UN)은 제2차 세계 대전 이후, 인권을 보호하기 위해 여러 가지 선언이나 조약을 발표했어요. 세계 인권 선언과 어린이 청소년에 관한 권리 조약이 대표적이에요.

세계 인권 선언은 국제 연합 헌장에 따라 정치적 자유, 사회, 경제, 문화적 자유, 노동자의 권리까지 자세히 규정되어 있어요.

어린이 청소년에 관한 권리 조약은 어린이를 인종이나 성별을 이유로 차별하면 안 되고, 표현의 자유, 양심의 자유, 휴식을 취할 권리 등이 있다는 내용이 담겨 있어요.

우리나라에는 인권을 위한 기구는 국가 기관인 국가인권위원회와 시민 단체 등이 있어요. 전 세계적으로는 국제 연합이 있고 세계 곳곳 시민 단체에서 불법 처형, 고문, 양심수 등의 문제에 대해 열심히 활동 중이에요. 그러니 우리 모두 모든 사람의 인권을 소중하게 여기는 마음을 가져야 해요.

내 생각과 행동은 나의 것
내 운명의 주인은 나다

  다음 날, 기영이는 혼자 영어 교실로 갔다. 성민이는 세 걸음쯤 사이를 두고 기영이 뒤에서 걸었다. 더 빨라지지도 더 느려지지도 않았다. 기영이는 꼭 성민과 같이 걷는 기분이 들었다. 말은 하지 않았지만 전처럼 조금 친해진 것 같았다.

  툭.

  누가 기영이의 팔을 쳤다. 기영이는 성민인 줄 알고 반갑게 돌아보았다. 설이였다. 성민이는 기영이를 흘긋 보더니 이내 앞서 가 버렸다.

"왜?"

기영이의 목소리에 한숨이 섞였다.

"잠깐 봐."

기영이는 지나가는 아이들을 피해 복도 한쪽으로 비켜섰다. 설이가 뜸을 들이다가 말했다.

"오늘 영어 모둠 퀴즈 있는 거 알지? 성민이한테 영어 모둠을 바꾸라고 해. 다섯 명인 모둠으로 가라고. 그럼 다시 WB 클럽에 초대할게."

기영이는 대답하지 않았다. 그리고 WB 클럽 이야기를 듣고도 단박에 싫다고 말하지 못한 자신이 한심해서 화가 났다. 영웅이와 해리, 태현이는 조금 늦게 들어왔다. 영웅이는 기영이와 그 옆에 앉은 성민이를 노려보았다. 그러더니 수업이 끝나고 나서 일이 벌어졌다.

"똑같은 애들끼리 잘 놀아!"

기영이가 영어 교실을 나오자마자 영웅이가 기다렸다는 듯 말했다. 해리와 태현이가 기영이와 성민이를 번갈아 보며 킥킥 웃었다. 그러고는 설이에게 가자고 손짓을 했다. 설이는 언제나처럼 표정 없이 뒤따라갔다. 또 놀림을 받았다. 기영이는 기분이 상해서 자기도 모르게 툭 말을 뱉고 말았다.

"흥, 너희도 똑같아. 같이 잘 놀면 되겠네."

순간 설이가 휙 뒤를 돌아보았다. 얼마나 무섭게 쏘아보는지 기영이는 어깨를 움찔했다. 하지만 겁먹은 걸 드러낼 수는 없었다. 성민이가 보고 있어서 맥없이 물러나기도 부끄러웠다.

"맞잖아. 너희도 비슷하잖아. 같이 비싼 학원 다니고, 백만 원짜리 자전거 타고, 수영장도 스키장도 같이 다니잖아. 성적 따져 가며 비슷한 애들끼리만 놀잖아. 그래서 영웅이는 공부 때문에 나를 오라고 하고, 너는 내가 돈이 없어 보이니까 오지 말라고 하고. 아니야?"

"뭐? 네가 뭘 알아? 나쁜 놈."

"알아. 나 나빠. 나도 거기에 들어가고 싶었어. 그래서 성민이를 일부러 따돌린 거 알면서도 모른 척했어. 이젠 안 그래. 절대 안 그럴 거야. 근데 너도 나빠. 넌 아직도 똑같으니까. 잘난 네 친구들한테 가!"

기영이는 말을 할수록 숨이 거칠어지고 점점 기분 나쁜 느낌이 차올랐다. 결국 설이에게 꺼져 버리라고 소리쳤다.

"이게……"

설이가 입을 떼다가 다물었다. 설이는 놀란 눈으로 기영이가 아니라 다른 곳을 보고 있었다. 기영이의 머리 위였다. 기영이는 설

이 눈을 따라 고개를 들었다. 만델라 선생님이 창문 안쪽에서 아이들을 내려다보고 있었다.

"목소리가 너무 커서 말이야. 음, 나는 여기서 쉬는 중이었단다. 여기는 영어 교실이고 나는 영어 선생님이니까. 지금은 남은 수업이 있으니 수업이 끝난 뒤에 함께 와라."

만델라 선생님이 손바닥으로 영어 교실을 가리켰다. 그러고는 성민이를 쳐다보며 말했다.

"너도 이 사건의 등장인물이면 같이 오는 게 좋겠다."

수업이 끝나고 셋은 영어 교실로 갔다. 만델라 선생님은 성민까지 다 들어온 다음 문을 닫았다. 그런 뒤 낱개로 포장된 과자와 물을 주었다.

"말은 참 이상해. 스스로 힘이 있는 것 같거든. 좋은 말은 좋은 기운을 부르고, 나쁜 말은 나쁜 기운을 부르지. 그래서 어떤 말이든 절대 가볍게 하면 안 돼. 나는 교도소에 갇혀 27년을 조용히 보내면서 말이 얼마나 소중한지, 그리고 말이 사람들이 살고 죽는데 얼마나 큰 영향을 미치는지 깨닫게 되었지. 사람들은 말과 행동으로 서로를 죽이기도 하거든. 갑자기 왜 이런 말을 하는지 궁금하니? 그러니까 너희가 하는 말을 다 들었다는 뜻이야. 처음부터 끝까지. 같은 애들끼리 잘 놀면 되겠다는 말부터 꺼져 버리라는 말까지."

만델라 선생님이 기영이와 설이, 성민이의 눈을 차례로 마주보았다. 그러더니 기영이에게 물었다.

"이야기는 가끔 약보다 효과가 있지. 말을 하다 보면 문제가 금방 풀리거든. 왜 화가 났니?"

"영웅이가 저더러 성민이랑 똑같다고 했어요."

"똑같은 게 왜 싫지?"

"놀린 거니까요."

"왜 그런 말을 했다고 생각하니?"

"저더러 성민이한테 다른 모둠으로 옮기라고 말하라고 했어요. 그러면 자기네 모둠에 들어오게 해 준다고요. 근데 안 했어요."

기영이는 설이를 흘깃 보았다.

"기영이에게 말을 전한 사람이 설이구나. 그렇지?"

"네. 하지만 하고 싶지 않았어요."

설이가 대답했다.

"왜?"

"기, 기분이 나빠져요."

"그래. 기분이 나빠지는 일을 억지로 했다니 힘들었겠다. 그런데 그 말을 꼭 해야 하는 이유가 있었을 거야. 네 입장에서 말이야. 그렇지?"

설이는 대답하지 않았다.

"WB 클럽 규칙 때문이에요. 규칙을 지키지 않으면 클럽에서 나가야 해요. 애들이 하자고 하는 일을 안 해도 그렇게 해야 돼요."

기영이가 말했다.

기영이는 운명이 무슨 뜻인지 잘 몰랐다. 그러나 만델라 선생님이 말한 '**몸과 마음, 그리고 내 미래의 주인이 나**'라는 말은 참 멋있었다. 셋은 나란히 영어 교실을 나섰다. 운동장 가운데쯤 왔을 때였다. 영웅과 해리 태현이가 다가왔다.

"야, 백설. 왜 거기 끼어 있어?"

영웅이가 다짜고짜 물었다.

"말했잖아. 만델라 선생님이 불러서 갔다 왔어."

"빨리 와. 베트남 애랑 같이 있지 마. 까매져."

해리 말에 설이가 한숨을 쉬었다.

"맞아. 그리고 북한 사람이랑 같이 있으면 위험해."

태현이가 말했다.

"유치해. 그만 좀 해!"

"뭐라고? 넌 지금 규칙을 어겼어. 새롭고 멋진 WB 클럽 회원 규칙 2. 정해진 사람하고만 어울린다. 몰라?"

"말도 안 돼. 그럼 너희도 어긴 거야. 다 같이 수업을 들었잖아."

"수업이랑 이게 같냐?"

영웅이가 소리쳤다.

"설이 말대로 만델라 선생님이 불러서 갔어. 그런데 WB 클럽은 이름만 새로운 클럽이야. 너희 생각은 조금도 새롭지 않아. 부자끼리, 공부 잘하는 애끼리 노는 모임은 유치하고 한심해."

기영이가 말했다.

"넌 빠져. 안 유치하게 까만 애랑 놀아."

"안 유치하게 북한으로 가도 돼."

"둘이 모임 만들면 되겠다. 까맣고 위험한 모임."

아이들이 비아냥거리며 한 마디씩 했다. 기영이는 더 대꾸하고 싶지 않았다. 서둘러 아이들을 지나쳐 갔다. 곧 성민이도 따라갔다.

"까맣고 위험한 모임 간다. 백설, 너도 한마디 해."

태현이가 말했다.

설이 얼굴이 붉으락푸르락했다. 눈은 더 커지고 가방을 잡은 손은 너무 꽉 쥐어서 하얘졌다. 설이가 숨을 길게 들이켰다.

"싫어. 나한테 그런 말 시키지 마. 내 운명의 주인은 나야. 내가 하고 싶은 대로 할 거야. 나쁘다고 생각하는 건 안 할 거야. 또 이러면 클럽도 그만둘 거야. 아니, 당장 그만둘 거야. 지금!"

설이는 단숨에 말하고 기영이와 성민이를 앞질러 성큼성큼 가 버렸다. 그리고 학교 밖까지 나가는 동안 영웅이와 해리, 태현이가 온갖 소리를 하는 걸 들었다. 기영이와 성민이는 설이와 한 방향으로 걸었다. 걷다 보니 그렇게 되어서 방향을 바꾸어 돌아가는 것이 오히려 어색할 것 같았다. 그런데 갑자기 설이가 걸음을 멈추었다. 마치 짠 것처럼 기영이와 성민이도 멈추었다.

"왜 따라와?"

설이가 물었다

기영이는 대답할 수 없었다. 이유가 없었다. 성민이도 마찬가지였다. 설이가 다시 걷자 기영이와 성민이도 다시 걸었다. 설이는 아파트 입구 건너편에 있는 주민 센터 건물로 들어갔다. 이층에 도서관이 있는데 기영이도 가끔 가는 곳이었다. 기영이는 도서관에 간다는 핑계가 생겨 마음이 편해졌다. 설이는 이층으로 올라간 다음 도서관 입구 오른쪽 복도로 들어가 두 번째 문을 열고 들어갔다.

쿵, 문이 코앞에서 닫혔다.

'여기도 도서관인가?'

기영이가 문틈으로 안을 살피고 성민이는 까치발을 하고 창문으로 들여다보았다. 순간, 문이 벌컥 열렸다. 위아래로 분홍색 쫄쫄이 옷을 입은 아줌마가 나왔다.

"설이가 새 회원을 데리고 왔네. 어서 와."

분홍색 쫄쫄이 아줌마가 기영이와 성민이를 잡아당겼다. 그걸 보고 어떤 아줌마는 웃고, 어떤 아줌마는 고무 매트를 가져다주었다. 둘은 얼결에 아줌마들 사이에 앉았다. 분홍색 쫄쫄이 아줌

마는 잠이 쏟아지는 음악을 틀고 자기를 따라 하라고 했다.

"준비 운동 시작! 팔을 위로 올리고 쭉 늘이세요. 허리를 숙이고 손바닥을 바닥에. 왼쪽 무릎을 접은 다음 발바닥을 엉덩이에 붙입니다. 동작 멈추고 열까지 셉니다. 하나, 둘, 셋……."

"악."

기영이가 왼발을 들다가 고함을 치며 넘어졌다. 끄응 하고 성민이가 신음을 했다. 우엑, 억, 끙, 아고고, 끄억 하고 둘은 번갈아 가며 괴상한 소리를 냈다. 그러면서 쿵, 쾅, 철퍽 넘어졌다.

"마무리 동작!"

기영이는 수업이 끝난 뒤에야 그게 요가라는 걸 알게 되었다.

"잘했어. 처음에는 힘들지만 곧 괜찮아질 거야. 열심히 하다 보면 앉은 상태에서 물구나무서기도 할 수 있어. 또 와라."

분홍색 쫄쫄이 아줌마가 말했다.

기영이는 신발에 발가락만 꿰고 도망치듯 교실을 빠져나왔다. 그 바람에 비틀대다 고꾸라져 버렸다. 성민이가 달려와 일으켜 주었다. 그런데 입꼬리가 비죽 올라가 있고 잇새로 끄윽 소리가 났다.

"네 몸의 주인은 네가 아니구나."

계단을 내려가는 설이도 말끝에 끄윽 소리가 났다.

"쳇, 웃지 마. 이런 걸 어떻게 하냐?"

기영이가 다리를 구부려 찌그러진 네모 모양을 만들었다. 설이가 꾹 참았던 웃음을 터트렸다. 성민이도 웃었다. 기영이도 웃음이 나왔다. 기분이 좋았다. 셋은 올 때와 달리 나란히 주민 센터를 나왔다.

"분홍색 쫄쫄이 아줌마 몸이 막 구부러져. 문어 같아."

"헐, 엄마한테 이를 거야."

설이가 새침하게 말했다.

"엄마?"

"선생님이 우리 엄마야."

기영이는 입을 합 닫고는 운동을 해서 배가 고프다며 딴청을 피웠다. 장단을 맞추듯 기영이의 배에서도 꼬르륵 소리가 났다.

"네 배 주인은 네가 맞구나. 마음이랑 똑같네. 요가는 가장 못하고선 배가 고프냐?"

"잘한 순서대로 배가 고픈 건 아니다, 뭐."

기영이가 멋쩍은 표정으로 머리를 긁었다.

"우리 떡볶이 먹으러 갈래?"

성민이가 물었다.

기영이는 잠깐 멈칫했지만 이내 고개를 끄덕였다. 설이는 휴대 전화를 꺼내 시간을 확인하고는 알 듯 모를 듯한 표정을 지었다.

"학원에 가야 돼?"

기영이가 물었다.

"안 갈 거야. 며칠 남았는데 그래도 안 갈 거야. 거긴 멀고 비싸. 기영이 너도 혼자 한다며 나도 혼자 할 거야. WB 클럽 그만뒀어."

설이가 갑자기 걸음을 멈추고 기영이와 성민이를 보았다.

"웃기다. WB 클럽 애들이랑 싸운 사람만 모였네."

"그러게."

"한 번만 더 놀리고 못된 짓 하면 안 참을 거야. 혼내줄 거야."

설이가 발을 굴렀다.

"좋아. 나도!"

"나도!"

기영이와 성민이가 차례로 발을 굴렀다. 셋은 키득키득 웃으며 떡볶이 집으로 향했다.

'우리들의 창' 클럽

힘을 키우기 위해 상대방의 평등이나 인권을 억압하거나 망가뜨리면 안 된다

세 번 참았다.

기영이 한 번, 설이 한 번, 성민이 한 번. 셋은 며칠 전에 왔던 떡볶이 집에 다시 모였다.

"이제 안 참아!"

기영이가 말했다.

성민이와 설이가 고개를 크게 끄덕였다. 기영이, 성민이, 설이는 함께 WB 클럽을 혼내 주기로 하고 클럽을 만들었다. 바로 '우리들의 창' 클럽이다. 뾰족한 창으로 WB 클럽을 무찌르겠다는 뜻이다. 셋은 돌아가면서 그동안 있었던 일을 이야기했다. 설이가 그 내용을 공책에 적었다. 설이는 공책 표지에 사건 일기라고 제목을 쓰고 각자 겪은 일마다 번호를 붙였다. 정리가 끝난 뒤 설이가 사건 일기를 읽었다. 중간중간 빼먹거나 잘못된 부분을 다듬기 위해서였다.

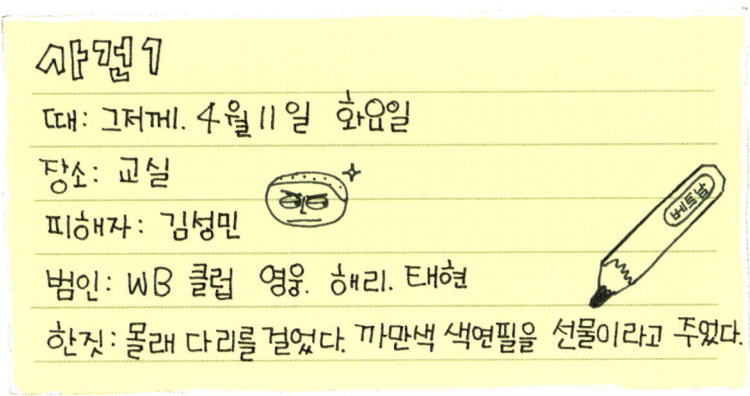

설이 말이 끝나자 성민이가 조심스럽게 말했다.
"한 가지 빠졌어. 색연필에 베트남이라고 썼어."
"아, 맞다."
그러자 기영이가 부러 목소리를 크게 하며 말했다.
"치사해. 또 나라와 피부색으로 놀렸어. 그건 차별이야."
"차별은 나쁜 거야. 만델라 선생님도 말했잖아. 이제 참지 마."

왜 차별하면 안 될까?

'차별'이란 말은 둘 이상의 대상을 차이를 두어 구별한다는 것이에요. 그런데 우월한 것을 가리기 때문에 문제가 되지요. 종교, 나이, 신분, 학력, 인종, 국적, 성별 등을 따져서 어떤 사람은 우대하고, 어떤 사람은 배제하거나 불리하게 대하지요. 이런 사회적 차별은 1948년 세계 인권 선언이나 국제 인권 규약, 여러 인권 단체의 인권 운동으로 점차 사라지고 있으나 아직도 곳곳에 각종 차별이 남아 있어요.

설이도 말했다.

"응."

성민이가 씩 웃었다.

설이가 두 번째 사건을 읽었다.

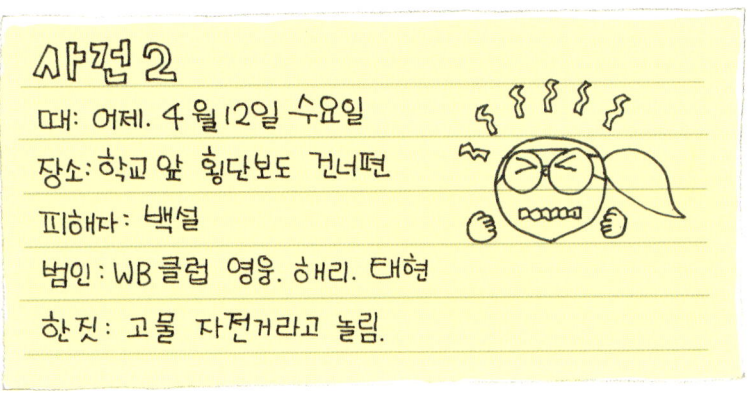

설이가 읽기를 멈추었다. '한 짓'에 있는 내용을 보니 사그라들던 화가 다시 치솟는 모양이었다. 손에 쥔 연필이 부들부들 떨릴 정도였다.

"내, 내 자전거를 보고 고물이라고 했어. 중고로 산 거는 다 고물이래. 내 자전거가 만 원도 안 된대. 그, 그래서 WB 클럽 초대를 취소하려고 했대. 말도 안 돼. 나는 회원이 된 지 몇 달이나 지났다고! 정말 너무해!"

기영이가 고개를 갸웃거렸다. 자전거를 고물이라고 해서 화가 난 건지, 클럽에 초대한 걸 취소한다는 말에 화가 난 건지 알 수 없었다. 기영이는 망설이다가 물었다.

"클럽에서 나온 거 후회해?"

"천만에! 말도 안 되는 소리를 들어서 화가 나서 그래. 걔네 클럽이 더 고물이라고 말해줄걸. 옛날 옛날 옛날에 나와 버릴 걸 그랬어. 그리고……. 미안해!"

설이는 말끝에 미안하다는 말을 하며 버럭 소리를 질렀다. 성민이가 놀라 눈을 껌벅였다. 기영이는 설이가 화가 나서 제정신이 아닌가 보다고 생각했다.

"따돌린 거, 따돌리라고 시킨 거, 다 미안해."

그러고는 숨을 고르고 세 번째 사건을 읽었다.

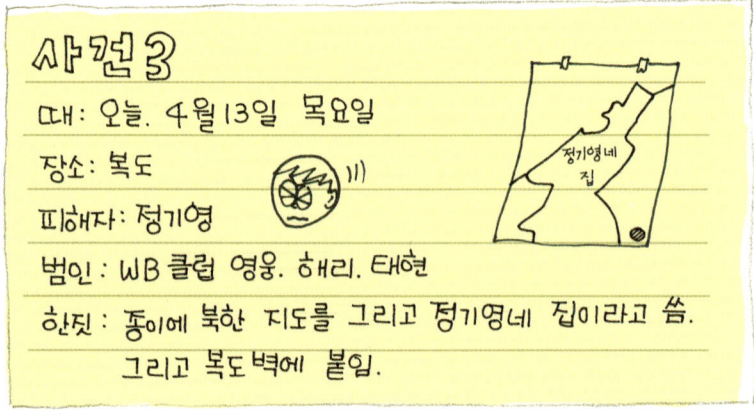

그런데 설이가 범인 부분을 읽을 때 기영이가 머리를 긁었다. 조금 기분이 찜찜했기 때문이다.

"저기 사실은 범인이 누군지 확실하진 않아. 누가 했는지 못 봤거든."

기영이가 말했다.

"걔네들이 확실해. 고물 WB 클럽."

설이가 말했다.

"봤어?"

"아니, 하지만 증거가 있잖아. 이 종이 영웅이 거야. 나도 있어. 일본에서 사 왔다고 한 개씩 나눠 줬거든."

"비슷한 종이일 수도 있잖아. 다른 아이 것일지도 모르고."

설이가 눈을 흘겼다.

"정기영이라고 쓴 글자 봐. 이응에 꼭지 달린 거 보여? 영웅이는 이응 위에 꼭 꼭지를 그려. 멋있대. 그리고 맨 아래 빗금이 그려진 동그란 표시는 WB 클럽 표시야. 자기들이 했다고 밝힌 거야. 바보 같아. 내가 알고 있다는 것도 까먹은 거 아니야? 확실해. 범인은 걔네 셋이야."

"응! 이제 참지 않아. 혼내 주자."

기영이가 말했다.

이렇게 셋은 '우리들의 창' 클럽을 만들었다. 눈에는 눈, 이에는 이. WB 클럽과 맞설 규칙도 만들었다.

규칙 1. 회원은 누구나 할 수 있다.

규칙 2. 외모, 가난, 나라 등으로 사람을 차별하지 않는다.

규칙 3. 외모, 가난, 나라 등으로 차별하는 사람을 혼내 준다.

"어떻게 혼낼 거야?"

성민이가 물었다.

설이가 어깨를 으쓱했다. 기영이는 눈동자를 굴렸다. 그 다음 일은 생각해 본 적이 없었다. 어떻게 혼내야 할까. 영웅이, 해리, 태현이는 모두 대한민국 사람이다. 그러니까 나라에 대한 공격을 할 수 없다. 피부색도 비슷하니까 안 된다. 다 부자고 공부도 잘한다. 기영이는 맥이 빠졌다. 무엇보다 WB 클럽 아이들이 한 것

처럼 차별하고 놀리는 방법으로 공격하고 싶지 않았다. 기영이는 생각 끝에 말했다.

"WB 클럽에 대해 알리자. 무슨 모임인지, 어떻게 회원을 모집하는지, 어떤 행동을 했는지 알리는 거야."

"모두가 WB 클럽이 한 짓을 알게 하자는 거지? 좋은 생각이야."

"나도 찬성."

셋은 설이네 집으로 함께 갔다. 그리고 알림 글을 쓰기 시작했다. 종이에 'WB 클럽을 소개합니다'라고 제목을 쓰고 그 아래 회원을 뽑는 방법, 한 일, WB 클럽 규칙까지 모두 썼다. 그러고는 어디에 붙일지 의논했다.

성민이는 복도는 선생님이 다녀서 위험하다고 했다. 그러자 설이가 그 말이 맞다며 화장실에 붙이자고 했다. 기영이와 성민이는 바로 동의했다. 선생님이 쓰는 화장실은 따로 있으니까 학생 화장실에 붙이면 들킬 염려도 없었다.

다음 날 아침, 기영이는 일찍 학교로 향했다. 성민이와 설이는 이미 학교에 와 있었다. 셋은 복도 끝 층계참에서 역할을 나누었다. 잠시 후, 설이가 사람들이 많이 오가는 가운데 층계로 뛰어갔다. 설이는 아무도 없다는 표시로 두 팔로 가위표를 만들었다. 이어 기영이와 성민이가 화장실까지 한달음에 뛰었다. 그런데 기영이가 학생용 화장실 옆에 있는 선생님용 화장실 문을 열었다. 설이가 다시 재빨리 가위표를 만들었다. 기영이는 엄지와 검지를 모아 동그라미를 만든 다음 활짝 웃었다.

"바보들!"

설이는 주위를 두리번거리며 선생님용 화장실로 다가갔다. 막 화장실 문을 열려고 할 때였다.

"안녕, 일찍 왔구나."

만델라 선생님이 씩 웃으면서 화장실로 들어갔다. 동시에 으악 하는 소리가 났다. 설이는 문을 살짝 열고 틈에 귀를 댔다.

"내가 들어와도 모르는 걸 보니 뭔가 재미있는 일이 있나 보네."

"선, 선생님은 왜 자꾸 우리를 따라다녀요?"

기영이가 새된 소리로 물었다.

"무슨 말이냐? 여기는 선생님용 화장실이고 나는 늘 일찍 학교에 오는 부지런한 선생님이거든. 그런데 이건 뭐니?"

만델라 선생님이 화장실 벽에 붙어 있는 종이를 향해 손을 뻗었다. 기영이와 성민이도 황급히 손을 뻗었다. 그러나 만델라 선생님이 더 빨랐다. 종이를 본 만델라 선생님 얼굴에서 웃음이 싹 사라졌다. 처음 보는 표정이었다. 기영이는 입술이 바짝 말랐다.

"음, 고민이 많았겠구나."

만델라 선생님은 화장실을 나가 복도를 지나 운동장 구석에 있는 의자로 갔다. 그 뒤를 기영이, 성민이, 설이가 줄줄 따라갔다. 하나둘 아이들이 오고 있었다.

"너희 스스로 따라온 걸 보니 할 말이 있는 모양이구나. 이게 무슨 내용인지 설명을 해 주겠니?"

"WB 클럽이 또 우리를 놀렸어요. 이제 안 참기로 했어요. 혼내 줄 거예요. 우리를 얕보지 못하게요. 그 애들이 잘못한 걸 알려서 나쁜 짓을 못하게 할 거고 우리도 힘을 키울 거예요."

설이가 말했다.

"친구를 혼내고 힘을 키우는 것이 너희 목적이니?"

만델라 선생님이 물었다.

아이들이 고개를 끄덕였다.

"왜?"

"잘못된 것을 바로잡으려고요. 선생님이 한 것처럼요."

"아하, 잘못된 것을 바로잡는 중이란 말이지? 좋아. 나한테 들켰지만 모른척해 주마. 너희는 나한테 들키지 않은 거야. 다시 가서 계획을 마쳐. 하지만 그 전에 너희가 계획을 잘 짰는지 생각해 보자. WB 클럽과 클럽 아이들은 나쁜 짓을 했어. 너희를 놀리고 차별했지. 너희는 WB 클럽 아이들이 한 일을 알려서 곤경에 빠트릴 계획을 세웠고, 그 사실을 알리는 종이를 화장실에 붙였지. 많은 아이가 이 종이를 봤어. 아이들은 WB 클럽 아이들을 어떻게 할까?"

"선생님한테 일러요."

"욕을 해요."

"놀림을 받을 수도 있어요. 나처럼 왕따가 될 수도 있어요."

성민이가 말했다.

"그 종이 때문에 WB 클럽 아이들이 많이 혼이 나겠구나. 너희의 계획은 멋지게 성공했고. 그렇지? 그 결과 너희 힘이 커질 거야. 아마 힘이 커지면 자랑스러울 거야. 못된 친구들을 혼내 주었으니 더 좋지. 그럼 당당하게 말할 수 있겠네. 친구들과 선생님, 모두에게 너희가 한 일을 떳떳하게. 그렇게 할 수 있지?"

순간, 아이들은 아무 말도 못했다.

"무엇이 잘못된 건지 알겠니? 좋은 일을 하겠다고 새로운 잘못을 저지르면 안 돼. **너희의 힘을 키우기 위해 상대방의 인권이나 평등을 반대로 억압하거나 망가뜨리면 안 되는 거야.**"

만델라 선생님은 아이들을 남겨 두고 먼저 들어갔다.

평등은 평등하게 지켜요

차별받지 않고 똑같이 대우받는 것을 평등하다고 해요. 생김새도 다르고, 성격도 다르지만 모두 소중한 사람이에요.

"우리는 모두 평등해."

그런데 무조건 똑같이 대하는 게 아니라, 각각의 차이를 인정하면서 존중하는 것이 평등이에요.

남자와 여자, 재산, 국적 등에 따라 차별받는 일이 남아 있지만 많은 사람이 함께 사는 사회를 만들기 위해 많은 사람이 노력하고 있어요.

"이젠 여자들도 투표할 수 있어."

투표는 평등한 권리

여자들도 투표해요

투표 참여

기영이와 성민이, 설이는 계획을 그만두기로 했다. 하지만 엉뚱한 곳에서 탄로가 났다. 선생님 화장실에 종이 한 장을 흘렸던 것이었다. 그 종이는 여러 장 복사되어 각 반 담임 선생님들에게 전해졌다. 당연히 기영이네 반 담임 선생님도 받았다. 선생님은 종이에 글을 쓴 아이와 종이에 나오는 아이를 찾는다고 했다. WB 클럽 아이들은 깜짝 놀랐다. 우리들의 창 클럽 아이들도 놀라긴 마찬가지였다.

쉬는 시간에 우리들의 창 클럽 회원인 기영이, 성민이, 설이는 운동장 구석에 쪼그리고 앉아 의논했다. 그리고 사실대로 선생님께 얘기하기로 결정했다.

"참 좋은 결정을 했다."

또 만델라 선생님이었다.

아이들이 으엑 하고 펄쩍 튀어 올랐다.

"왜, 왜 여기 계세요?"

기영이가 물었다.

"아, 여기는 내가 날마다 산책하는 길이야."

만델라 선생님이 웃으며 지나갔다.

# 혼자 남은 아이

개인의 뜻이나 생각과 반대로 나쁜 대접을 받는 일도, 하고 싶은 일에 참여하지 못하는 일도 없어야 한다

영웅이는 억울하고 화가 났다. WB 클럽은 해체되었다. 담임 선생님한테 불려가 혼이 났고 엄마한테도 크게 혼이 났다. 담임 선생님이 WB 클럽 사건을 엄마한테 이야기한 것이다.

"치, 엄마도 클럽이 몇 개나 있으면서. 이게 모두 정기영, 백설, 김성민 때문이야."

영웅이는 자전거를 끌고 밖으로 나왔다. 페달을 밟았다. 얼굴에 닿는 바람이 시원했다. 영웅이는 속도를 더 냈다.

째앵!

아파트 단지 모서리를 돌 때였다. 갑자기 고양이 한 마리가 뛰어들었다. 영웅이는 급하게 브레이크를 잡았지만 중심을 잃고 미끄러졌다. 쾅창, 요란한 소리가 났다. 자전거는 바퀴가 찌그러지고 영웅이는 발목을 다쳤다.

사흘이 지났다. 영웅이는 왼쪽 다리를 무릎 아래까지 깁스를 하고 목발을 짚고 학교에 갔다. 걸음이 더딘 것은 물론 걸을 때마다 목발이 닿는 겨드랑이가 아팠다. 그 바람에 일찍 나왔는데도 수업 시간이 거의 다 되어 도착했다. 영웅이는 엘리베이터를 타고 3층까지 올라간 다음 교실까지 걸어갔다. 그런데 양쪽으로 짚은 목발 때문에 문을 열기가 어려웠다.

"천천히 해도 돼."

담임 선생님이 문을 열며 말했다. 그러고는 영웅이에게 먼저 들어가라고 눈짓을 했다. 깁스를 하고 목발을 집고 뚜걱뚜걱 걷는 영웅이를 보고 아이들이 소리를 질렀다.

"영웅이가 자전거를 타다가 다리를 다쳤어. 한동안 불편할 테니 화장실이나 급식실 갈 때 잘 도와주어야 한다. 그리고 다들 자전거 탈 때 보호 장비 착용하고 조심해. 알겠니?"

"네."

아이들이 대답했다.

쉬는 시간이 되자마자 해리와 태현이가 튀어왔다.
"괜찮아?"
"응. 어제 퇴원했어. 조심해서 움직이면 된대."
"너 목발 짚고 오는데 되게 멋있더라. 탁탁 소리가 나는데 뒤에 따라오는 선생님이 졸병 같았다니까. 한번 만져 봐도 돼?"
해리가 묻자 영웅이는 대답 대신 다리를 내밀었다.
"되게 단단해. 돌 같아. 나 깁스에 글씨 써 주라. 텔레비전 보니까 다 쓰더라."

해리는 검정 사인펜을 꺼내 '영웅아, 어서 어서 나아라.' 하고 썼다. 그 옆에 태현이가 '하얀 다리 파이팅!'이라고 쓰고 주먹을 그렸다. 해리와 태현이는 쉬는 시간마다 영웅이에게 왔다. 그때마다 깁스에 글씨와 그림이 늘어났다.

점심시간이 되었다. 해리는 영웅이 급식을 받아 오고, 태현이는 수저를 챙겼다. 집에 갈 때는 태현이가 영웅이 가방을 들어 주었다.

"고마워."

영웅이가 말했다.

"이 정도쯤이야. 내일 아침에 올 때도 들어 줄게."

"응. 8시 20분에 놀이터에서 만나."

"에? 그렇게 빨리?"

태현이가 물었다. 해리도 눈이 동그래졌다.

"목발을 짚으면 빨리 걸을 수 없어. 오늘도 조금 빨리 나왔는데 늦을 뻔했어."

다음 날, 영웅이는 서둘러 놀이터로 갔다. 맞은편에서 해리와 태현이가 눈을 비비며 터벅터벅 걸어왔다. 영웅이는 팔에 건 가방을 내밀었다.

"나는 어제 들었으니까 네가 들어."

태현이가 하품을 하며 말했다.

해리가 영웅이 팔에 걸려 있는 가방을 탁 채어 갔다. 그 바람에 영웅이 몸이 기우뚱했다. 교실에 도착하자마자 해리는 영웅이 책상에 가방을 던지듯이 두고 자리로 돌아가 엎어졌다. 쉬는 시간이 되었다.

"해리야, 좀 와 봐."

"좀 이따. 나 화장실."

해리가 교실을 나갔다. 영웅이는 태현을 부르려다가 그만 두었다. 해리를 따라 벌써 교실을 나갔기 때문이다.

"에이, 같이 가지."

영웅이는 혼잣말을 하며 목발을 짚고 일어났다. 빠른 속도로 지나가는 아이들을 피하느라 몇 번이나 걸음을 멈추었다. 목발을 짚고 있으니 마음먹은 대로 걸을 수가 없었다. 화장실에는 아무도 없었다. 태현이도 보이지 않았다. 영웅이는 변기 앞에 섰다. 왼쪽 발을 든 채로 목발을 벽에 기대어 놓았다. 그런데 목발이 미끄러져 바닥으로 쓰러졌다. 하필이면 기영이가 막 화장실로 들어올 때였다. 기영이는 목발을 물끄러미 보다가 주워서 벽에 똑바로 세웠다. 영웅이는 모른 척하더니 오줌을 누고 기영이를 지나 재빨리 밖으로 나갔다.

"역시 못됐어. 진짜 못됐어."

기영이가 연신 투덜댔다.

수업이 시작되었다. 사회 시간이었다. 선생님이 사회 교과서 59쪽을 함께 소리를 맞추어 읽으라고 했다. 시작 소리와 함께 아이들이 큰 목소리로 책을 읽었다.

> 우리 주변에는 무엇이 있을까? 교실 안에는 책상, 칠판, 멀리 건물들과 도로, 산, 하천 등도 있다. 이렇게 인간이나 동식물에게 영향을 미치는 자연적, 사회적 조건을 환경이라고…….
>
> _5학년 사회 교과서 중에서

기영이는 책을 읽지 않았다. 책 대신 앞에 앉은 영웅이가 등을 노려보았다. 그런데 얼굴이 따끔따끔했다. 누가 자꾸 보는 것 같았다. 휙 기영이가 고개를 들었다. 선생님하고 눈이 딱 마주쳤다. 기영이는 재빨리 고개를 숙였다. 너무 놀라 심장이 벌렁벌렁했다.

"잘 읽었어. 이제 모둠을 짠 다음 우리 주변에 무엇이 있는지 직접 조사해 보는 활동을 할 거야. 순서는 첫째, 어디를 조사할지 이야기를 나누고 장소를 정한다. 둘째, 정한 장소로 가서 직접 조사한다. 셋째, 조사한 것을 정리해서 다음 주 화요일에 발표한다. 단, 모든 활동은 모둠 친구들과 함께 한다."

선생님이 말을 마치고 칠판에 모둠을 적었다. 기영이는 3모둠이었다. 설이, 성민이, 영웅이, 해리, 태현이도 3모둠이었다. 기영이는 선생님을 보았다. 선생님이 입을 있는 대로 벌리고 씩 웃는 표정을 지었다. 선생님은 일부러 이렇게 모둠을 짠 것 같았다. 모둠별 회의가 시작되자 선생님이 3모둠으로 왔다. 그러고는 3모둠 둘레를 빙글빙글 돌았다. 그 바람에 회의가 일찍 끝났다.

수업이 끝나고 3모둠은 직접 조사를 하기 위해 함께 교실을 나섰다. 빨리 끝내야 빨리 헤어질 수 있기 때문이다. 하지만 계획은 처음부터 어그러졌다. 목발을 짚은 영웅이 때문에 교문까지 가는 데도 한참 걸렸다.

"잠깐만, 좀 천천히 가자."

영웅이가 말했다.

모두 걸음을 멈추고 영웅이를 보았다. 더운 날씨가 아닌데도 영웅이의 이마에는 땀이 송글송글 맺혀 있었다. 그 모습을 보고 해리가 말했다.

영웅이는 화를 내고 그대로 가 버렸다. 아이들은 그 모습을 물끄러미 보았다. 그때 만델라 선생님이 다가왔다.

"좀 비켜 주면 좋겠다. 나도 집에 가는 중이거든. 설마 여럿이 한 명을 괴롭힌 건 아니지? 몸이 불편한 친구를 말이야."

영웅이는 자신의 이야기가 나오자 걸음을 멈추었다. 그리고 벽에 기대어 귀를 기울였다. 무슨 이야기를 하는지 궁금했다.

"반대예요. 다리가 아프니까 모둠 숙제에 참가하지 않아도 된다고 했어요. 돌아다녀야 하거든요."

태현이가 말했다.

"영웅이가 빠지고 싶다고 했니?"

"아니요."

"너희가 빠지라고 한 건 아니고?"

"걱정이 돼서 그런 거예요."

"그랬겠지. 그런데 영웅이 기분이 안 좋아 보이는 건 왜지? 성민아, 며칠 전 영어 시간에 퀴즈를 풀 때 왜 가만히 있었니?"

만델라 선생님은 웃음을 띠고 성민이가 대답할 때까지 기다렸다. 잠시 후 성민이는 아이들을 보지 않은 채 대답했다.

"끼워 주지 않아서요."

"미안하지만 기분이 어땠는지 말해 줄 수 있겠니?"

"안 좋았어요. 외롭고 슬펐어요."

"왜 그런 마음이 들었을까?"

"혼자니까요. 그리고 나는 같이 하고 싶었어요."

"솔직하게 말해 줘서 고맙다. 네가 그 상황을 원한 게 아니기 때문에 무시당하고 따돌림당하는 느낌이 들었을 거야. 영웅이도 비슷할 거다. 원하지 않았는데 빠지라고 했으니까. 그게 정말 배려일까. 혹시 영웅이 때문에 내가 불편하고 힘드니까 차별한 것은 아닐까. 하고 싶지 않은 일을 강요하는 것은 폭력이고 차별이야. 누구에게나 선택하고 결정하고 행동할 기회를 줘야 해. 아무리 그럴듯한 이유가 있어도 **개인의 뜻이나 생각과 반대로 나쁜 대접을 받는 일도, 하고 싶은 일에 참여하지 못하는 일도 없어야 해.** 영웅이처럼 일시적으로 몸이 불편한 사람, 장애인, 소수 민족 할 것 없이. 다치거나 병이 드는 일은 특별한 일이 아니야. 누구에게나 일어날 수 있어. 만약 다친 사람이 영웅이가 아니라 나였다면 어땠을까. 너희는 어떤 대우를 받고 싶니?"

아이들은 대답을 하지 못했다.

"휴, 말을 많이 했더니 목이 탄다. 음료수 먹으러 갈래?"

만델라 선생님이 허허 웃었다. 아이들은 만델라 선생님을 따라갔다. 벽에 기대어 있던 영웅이도 천천히 걸음을 뗐다.

46664 클럽
가장 강력한 무기는 폭력이 아니라
사람들과 이야기하는 것이다

점심을 먹은 다음 기영이와 성민이가 운동장으로 나와 한쪽 벤치에 앉아 있었다. 설이가 다가왔다.

"오늘이 금요일이야."

설이가 말했다.

"금요일이라고. 화요일까지 며칠 안 남았어."

"아."

성민이가 고개를 살짝 끄덕였다. 설이는 사회 발표 수업 이야기를 하고 있었다. 기영이는 잠시 고민하다가 말했다.

"가서 이야기해 보자."

"우리가 먼저 말하자고? 자기들끼리 싸우고 일을 엉망으로 만든 거잖아. 기분 나빠. 걔들은 왜 만날 자기들 마음대로야?"

"하지 말까?"

"안 돼. 어떻게 숙제를 안 해. 난 한 번도 그런 적 없어. 숙제를 안 해서 혼나는 건 정말 말도 안 돼."

설이는 하고 싶은 것이 많고 욕심도 많았다. 지는 것을 싫어했다. 공부와 숙제도 그중 하나였다. 그런데 준비를 못해서 발표를 안 하다니. 더군다나 다른 아이들 때문이라는 것을 받아들일 수 없었다.

"우리끼리 할까?"

"싫어. 우리가 조사했는데 걔들이 노력도 안 하고 얻어가는 건 불공평해."

"그럼 가서 이야기하자."

설이가 기영이를 흘겨보았다. 기영이 말이 옳았다. 하거나, 하지 않거나 둘 중 하나라면 하는 방법밖에 없었다.

"쳇! 꼭 만델라 선생님처럼 말하네. 좋아, 만델라 선생님이 누구에게나 선택하고 결정하고 행동할 기회를 주어야 한다고 했으니까. 하지만 그 아이들이 또 싸우고 조사를 망치면 선생님한테 이

번에는 정말 모둠을 나누어 달라고 할 거야."

같은 시간 영웅이는 자리에 앉아 있었다. 영웅이는 아이들과 다툰 다음부터 점심을 먹으러 가지 않았다. 급식판을 가져오는 게 불편해서였다. 목발 때문에 직접 가져올 수도 없고 가져다 달라고 부탁하기도 싫었다. 싫다고 하면 어떡하지? 생각만 해도 겁이 났다. 영웅이가 한숨을 후 내쉬었다. 그때 책상 위에 초콜릿 한 개가 툭 떨어졌다.

"먹어."

태현이였다. 태현이는 영웅이 앞에 있는 의자에 거꾸로 앉았다. 등받이에 가슴을 기대고 영웅이를 보았다. 해리는 영웅이 책상 옆에 쪼그리고 앉았다. 그러고는 애꿎게 손가락으로 바닥을 긁었다. 태현이가 발끝으로 해리 신발을 툭툭 쳤다.

"미, 미안해. 따돌리려고 한 거 아니야. 빨리 끝내고 싶었어."

해리가 말했다.

"알아. 하지만 모둠에서 빠지면 그 아이들에게 지는 것 같은 기분이 들잖아. 클럽도 망가지고. 너희만 하는 것도 싫었어. 혼자는 좀……. 그리고 내 숙제이기도 하니까."

영웅이가 말했다.

"가자! 클럽은 없어졌지만 우리는 똘똘 뭉쳐 있다는 걸 보여 주

108

는 거야."

태현이가 말했다.

"응!"

영웅이가 웃으며 대답했다.

셋은 전쟁터에 나가는 군인처럼 힘차게 걸었다.

잠시 후 옛 WB 클럽과 우리들의 창 클럽이 복도에서 딱 만났다. 원수는 외나무다리에서 만난다더니 두 무리는 서로 마주보고 눈에 힘을 주었다. 그 사이로 만델라 선생님이 끼어들었다. 만델라 선생님은 호기심이 가득한 눈으로 아이들을 한 명씩 돌아보며 말했다.

"오호, 곧 전투가 벌어질 모양이구나. 다른 친구들에게 피해가 되지 않게 영어 교실을 빌려 주마. 딱 이십 분 동안이다. 점심시간이 끝나면 영어 수업이 있거든. 그리고 나는 신경 쓰지 마라. 구석에서 한숨 잘 거니까."

두 무리는 묻지도 따지지도 않고 영어 교실로 갔다. 의자에 앉자마자 설이가 말했다.

"역할을 나눠. 금릉공원 가서 조사하기, 조사한 것 정리하기, 발표하기. 조사하는 일은 시간도 많이 걸리고 움직여야 하니까 나랑 기영이랑 성민이랑 할게. 나머지는 너희가 해."

"바꿔!"

영웅이가 대뜸 반대를 하고 나섰다. 선수를 빼앗긴 것 같아서 심통이 났다. 해리는 영웅이를 말리려고 손을 뻗다가 급히 거두어들였다. 다툰 일이 떠올랐기 때문이다. 해리는 또 싸우고 싶지 않았다. 게다가 누구나 하고 싶은 일에 참여하지 못하는 일이 없어야 한다고 했던 만델라 선생님의 말도 생각났다.

"내가 다리 때문에 못할까 봐?"

아니나 다를까 영웅이 목소리가 높아졌다. 설이는 아니라고 대답하지 못했다. 동시에 며칠 전 어깨를 늘어뜨리고 혼자 돌아가는 영웅이가 떠올랐다. 조금 미안하다는 생각이 들었다. 그렇다고 물러서기는 싫었다.

"사실이잖아. 조사를 못 하면 정리도 못 하고 발표도 못 해. 네가 책임질 거야?"

"백설, 영웅이가 못하는 거 봤어? 아직 시작도 안 했잖아."

태현이가 나섰다.

"맞아. 왜 네 마음대로 정하고 이래라 저래라 하냐?"

해리가 책상을 쾅 쳤다. 설이는 자기가 맞기라도 한 것처럼 움찔했다. 아주 잠깐이지만 미안하다고 생각한 것을 후회했다. 설이가 손가락으로 해리를 가리키며 소리쳤다.

"가장 먼저 빼자고 한 건 너잖아!"

"저기……."

"넌 가만있어!"

성민이가 엉덩이를 들썩이며 입을 떼는 순간 설이와 해리가 동시에 소리쳤다. 성민이는 갑자기 벼락이라도 본 것 같은 표정으로 눈을 껌벅였다. 얼굴이 순식간에 붉어졌다. 성민이가 씩씩댔다. 아이들의 말은 갈수록 커졌고 감정도 격해졌다. 그리고 그 감정은 가만히 있는 기영이에게도 고스란히 옮아갔다.

"그만해!"

기영이가 고함을 쳤다. 영어 교실은 이 소리 저 소리로 뒤죽박죽이 되었다. 듣는 사람은 없고 다들 말하기만 했다.

만델라 선생님이 귀를 막으며 다가왔다.

"어이쿠, 깜짝이야. 너희 목소리가 커서 도저히 더는 잘 수가 없다. 얘들아, 목소리를 아무리 키워도 회의는 안 끝날 거다. 회의를 일찍 끝내는 방법을 알려 줄까?"

만델라 선생님이 말했다.

아이들은 동시에 입을 다물며 만델라 선생님의 의견에 동의했다. 그리고 만델라 선생님을 보았다.

기영이는 속엣말로 중얼거렸다. 그러고 보니 문제가 생기면 피하기만 하고 한 번도 제대로 이야기를 한 적이 없었다. 삼 년 전 성민이를 놀리다 사이가 나빠졌을 때도, WB 클럽 아이들과 다투었을 때도, 설이가 WB 클럽에 들어오지 말라고 했을 때도. 그리고 지금도. 이야기를 했으면 달라졌을까. 만델라 선생님 말대로 다툼을 해결하는 제일 좋은 방법은 이야기를 하는 것일까? 기영이는 망설이다가 용기를 냈다. 어차피 지금보다 더 나빠질 일은 없을 테니까. 기영이는 목소리를 부드럽게 내려고 애를 쓰며 물었다.

"지금 서로 의견이 달라. 어떻게 하는 게 좋은지 한 명씩 말해 보는 건 어때?"

"공평하게 하는 게 가장 좋지."

영웅이 말투도 조금 누그러졌다.

"좋아. 투표나, 제비뽑기 어때?"

설이가 물었다.

"나는 투표는 반대야. 아마 삼 대 삼으로 갈릴 거야. 제비뽑기가 좋을 것 같아. 한 곳에 표가 몰리지도 않고 모두 역할을 맡을 수 있어."

해리가 말했다.

모두 그 말에 찬성했다. 설이가 만델라 선생님에게 종이를 받아

와서 뽑기 종이를 만들어서 한 명씩 종이를 뽑았다. 기영, 영웅, 해리는 자료 조사, 태현과 성민이는 자료 정리, 설이는 발표를 맡게 되었다. 각자 원하는 걸 뽑은 건 아니었지만 아무도 토를 달지 않았다.

수업이 끝나고 기영이와 영웅이, 해리는 버스 정류장으로 갔다. 가까운 곳이어서 걸어가도 되는 거리지만 영웅이를 생각해서 버스를 타기로 했다. 하지만 버스를 타는 것도 쉽지 않았다. 버스 발판이 높아 영웅이는 발을 디디면서 끄응 신음 소리를 냈다.

금릉공원에 도착했다. 근처에 아파트 단지가 세 개나 있고 건물도 많은 큰 공원이었다. 기영이는 앞장서서 걸으며 무엇이 있는지 살펴보며 공책에 적었다. 그러다 탁탁 목발 소리가 유난히 크게 들려 걸음을 멈추고 돌아보았다. 영웅이가 돌로 된 인도를 걸으니 그런 것이었다. 얼굴에 땀이 맺혀 있고 헉헉 거친 숨소리도 들렸다. 기영이는 영웅이가 자신의 속도에 맞추려고 무리하고 있다는 걸 눈치챘다.

기영이는 걸음을 늦추었다. 가끔 건물을 보는 척하며 멈추기도 했다. 그러는 걸 영웅이도 눈치챘다. 숨이 고르고 편해졌다는걸. 아이들이 천천히 걷는다는걸. 어느새 셋은 서로 마음을 쓰고 있었다. 그러는 사이 공책에도 조사한 내용이 늘어갔다.

"지금까지 아파트, 공원, 숲, 산책길, 개천, 의료보험공단, 은행, 학원, 음식점, 우체국, 세무서, 도서관을 찾았어. 또 있어?"

기영이가 물었다.

"계단."

영웅이가 말했다.

아이들은 어리둥절해서 영웅이를 보았다. 계단이라니. 계단은 조금도 특별하지 않았다. 어디에나 있는 거니까.

"계단이 왜?"

해리가 물었다.

영웅이는 대답 대신 한 곳을 뚫어지게 보았다. 기영이와 해리는 영웅이를 따라 고개를 돌렸다. 유모차를 끈 아줌마가 가게 안으로 들어가려고 계단을 오르고 있었다. 그런데 바퀴가 자꾸 미끄러져서 아줌마는 다섯 번 만에 겨우 계단을 올라갔다. 그러고는 긴 숨을 내쉬었다. 영웅이는 기분이 이상했다. 몸이 불편하니까 보이지 않던 것들이 보였다.

"계단만 있는 건물이 많아. 그런데 너무 높아. 학교도 버스도. 나나 유모차는 잘 올라 갈 수 없어. 장애인은 더 힘들 거야."

"아! 정말 그러네."

해리가 맞장구를 쳤다. 기영이도 고개를 끄덕였다. 그러고는 공

책에 영웅이가 한 말을 적었다. 기영이는 기분이 좋았다. 함께 이야기를 나누고 서로 마음을 쓰니까 좋은 점이 보였다. 이제는 영웅이나 해리와 말하는 게 어색하지 않았다.

사회 발표 수업은 무사히 끝났다. 담임 선생님은 환경 조사를 하면서 사회적으로 약한 사람들을 위해 고쳐야 할 점까지 생각해 보았다고 3모둠을 칭찬했다.

일주일 후, 영웅이는 깁스를 풀었다. 기영이는 성민이, 설이와 함께 새로운 클럽을 만들었다. 클럽 이름은 46664이다. 만델라 선생님이 지어 주었다. 뜻을 물어보니 예전에 자신을 가리키는 번호였다는 말만 했다. 기영이는 클럽 회원 모집 공고를 냈다.

그런데 하루가 지나고 공고 맨 아래에 한 줄이 추가되었다.

장소: 영어 교실

그리고 이틀 뒤 공고 내용이 더 추가되었다. 김성민 옆에 조영웅, 이해리, 박태현의 이름이 적혔다.

진정한 인권 존중과 평화를 이루어 낸
넬슨 만델라

밀알두레학교 교사 **신동수**

나는 **롤리흘라흘라** 란다.
만델라 라고 부르기도 하지.

1. 넬슨 만델라의 생애

옳지 않은 것은 따를 수 없다

넬슨 만델라는 1918년 7월 18일 남아프리카 연방 트란스케이 움타타에서 족장의 아들로 태어났어요. 아버지는 '나뭇가지를 잡아당긴다(장난꾸러기)'는 뜻의 롤리랄라(Rolihlahla)라는 이름을 지어 주었어요. 넬슨(Nelson)은 초등학생 때 선생님이 지어 준 영국식 이름인데, 이후 넬슨 롤리랄라 만델라(Nelson Rolihlahla Mandela)가 그의 정식 이름이 되었어요.

학교에 간 넬슨 만델라는 교과서에 온통 백인 이야기뿐이고, 흑인들은 노예나 강도로 등장하는 것에 대해 궁금증을 가졌어요. 넬슨 만델라의 아버지는 어렸을 때 돌아가셨는데, 대신 그를 돌봐주던 후견인이자 족장인 달린드예보에게서 아프리카의 역사와 진실에 대해 여러 이야기를 듣게 되었어요. 그 후 넬슨 만델라는 흑인들을 위해 일하고 싶다는 생각을 하게 되었어요.

1940년 포트헤어 대학 재학 중 친구가 백인에게 놀림을 당하는 것을 직접 본 후 처음으로 인종 차별 문제를 해결하고 싶은 마음을 갖기 시작했어요. 그리고 학생회 대표 구성 문제로 자신의 의견을 굽히지 않아 정학을 당했어요. 이를 들은 후견인 달린드예보는 투쟁을 중단하고 학업에만 열중하라고 했어요. 하지만 넬슨 만델라는 자신의 뜻을 굽히지 않았어요. 이에 후견인이 넬슨 만델라를 강제로 결혼시키려고 했어요. 결국 넬슨 만델라는 알렉산드리아로 도망가서 공부를 마치기로 결심했지요.

누구를 위해 살 것인가

법학에 관심을 갖고 공부한 넬슨 만델라는 1942년 말 법학 학위를 받고 변호사의 꿈을 품게 되었어요. 이 무렵 1912년에 조직된 아프리카 민족회의의 존재를 알게 되었지요. '아프리카 민족회의만이 아프리카 사회를 변화시킬 수 있을 것'이라는 말에 넬슨 만델라는 집회에 참가했어요. 이후 넬슨 만델라는 1944년 아프리카 민족회의 산하 청년 연맹을 창설했고 집행 위원으로 활동했어요. 아프리카 민족회의는 인도의 마하트마 간디가 벌였던 비폭력 운동의 영향을 받아 철저하게 비폭력 원칙을 지키고자 했어요. 그리고 넬슨 만델라는 1952년에는 백인이 아닌 사람으로는 처음으로 요하네스버그에 법률 상담소를 열고 흑인들을 돕는 변호사 활동을 시작했어요.

만델라는 아파르트헤이트(인종 격리 정책을 뜻하는 아프리칸스어) 반대 운동에 적극적으로 나서는 등 본격적으로 흑인 인권 운동에 참가했어요. 1950년대 들어 남아프리카에서는 흑인에 대한 차별 정책이 점점 심해져서 공공장소와 대중교통, 교육 시설, 거주지 등 일상 대부분에서 흑인과 백인을 강제로 분리하는 정책이 시행되었어요. 이에 넬슨 만델라는 아프리카 국민회의를 중심으로 불복종 운동을 전개했어요.

무장 투쟁을 결심하다

넬슨 만델라는 백인과 흑인의 차별이 없는 근본적인 사회 제도의 변화를 꿈꿨어요. 하지만 남아프리카 정부는 일개 변호사가 바꾸어 놓을 수 있을 정도로 작은 존재가 아니었어요.

1957년 만델라가 속한 아프리카 국민회의가 아닌 또 다른 단체인 범아프리카회의가 출범했는데 이들은 강경하게 투쟁했어요. 이들은 1960년 3월 요하네스버그 남쪽에 있는 샤프빌 마을에서 대규모 집회를 열었는데, 이때 경찰이 총기를 난사해 69명이 사망하고 수백 명이 부상을 당하게 되었어요.

넬슨 만델라는 이를 흑인 학살 사건으로 규정하고 평화 시위 운동을 중단하고 무장 투쟁을 하기로 결심했어요. 1961년 6월 비밀회의에서 '국민의 창'이라는 비밀 군대를 조직한 뒤, 정부군에 맞서 싸우기 위해 게릴라 전술을 습득했고 에티오피아로 건너가 군사 훈련을 받았어요. 그리고 1962년 아프리카 전역을 여행하며 무장 투쟁을 위한 정보를 수집했고 아프리카의 여러 나라에서 '국민의 창'에 자금을 후원해 줄 것과 동참해 줄 것을 연설했어요.

감옥에서 보낸 27년

1962년 넬슨 만델라는 요하네스버그로 돌아와 국민의 창 모임 후,

은신처로 돌아가는 길에 체포되어 5년형을 선고받았어요. 하지만 1964년 재판에서는 동료들과 함께 종신형을 선고받았어요. 사형을 기다리고 있던 넬슨 만델라는 종신형을 다행스럽게 생각했어요. 왜냐하면 종신형은 적어도 감옥에서라도 계속 투쟁할 수 있기 때문이었어요.

넬슨 만델라는 로벤 섬 감옥에서 46664라는 수감 번호를 받았어요. 1964년에 로벤 섬에 수감된 466번째 죄수라는 뜻이에요. 넬슨 만델라는 46살에 종신형을 선고받은 정치범으로 살게 되었어요. 그때부터 진짜 넬슨 만델라가 단련되었어요. 넬슨 만델라는 감옥에서 흑인의 인권을 위한 공부와 일들을 계속 했고, 백인들을 향해 복수의 칼을 가는 대신 용서의 마음을 갖게 되었어요. 그 결과 넬슨 만델라는 감옥에서도 인권 운동 공로를 받아 1979년 자와할랄네루상, 1981년 브루노 크라이스키 인권상, 1983년 유네스코 시몬 볼리바르 국제상 등을 받았어요.

최초의 흑인 대통령

1990년 2월 2일 남아프리카 대통령 클레르크는 아프리카 민족회의, 범아프리카회의 등 흑인 정치 및 인권 단체의 합법성을 인정하고 그동안 내려진 금지 조치를 없앴어요. 그리고 아프리카 흑인 해방을 위해 투쟁한 지도자 약 375명을 석방했지요.

27년간 감옥에서 복역한 넬슨 만델라는 1990년 2월 11일 석방되어 열렬한 군중의 함성 속에서 주먹을 쥐고 팔을 들어 올렸어요. 그리고 프랑스, 영국, 미국, 쿠바 등을 여행하며 세계 지도자를 만나 모든 사람의 인권은 존중되어야함을 알렸어요.

그러나 남아프리카에서는 여전히 백인 정부와 흑인들의 갈등이 계속되었어요. 백인 정책에 반대하는 흑인들의 시위는 끊이지 않았고 경찰의 무력 진압으로 많은 사상자가 발생했지요. 넬슨 만델라는 평화적인 방법으로 문제를 해결하고자 했어요. 그러나 흑인들 중에서는 힘을 사용해야 한다는 주장을 하는 사람도 있었지요. 넬슨 만델라는 그 비난을 뒤로 하고 백인 정부와 협상을 계속 진행했어요. 아파르트헤이트는 끝나야 하지만 남아프리카공화국은 유지되어야 한다는 신념을 가지고 있었거든요. 넬슨 만델라는 남아프리카공화국이 무너지는 것을 막기 위해 클레르크 대통령의 백인 정부와, 흑인을 대표하는 줄루족 등과 협상을 벌여 모든 국민이 선거에 참여하기로 의견을 모았어요. 이러한 공로로 1993년 클레르크와 함께 노벨 평화상을 받았으며, 1994년 4월 27일 남아프리카공화국 최초로 흑인이 참여 선거에 의해 대통령이 되었어요. 마침내 남아프리카공화국에서 아파르트헤이트는 물론이고, 350여 년에 걸친 인종 차별이 끝나게 되었지요.

그 후 넬슨 만델라는 5년간의 대통령 임기를 마치고, 인권 존중과 에이즈 퇴치 운동 등의 활동을 하다가 2013년 12월 5일, 95세로 세상을 떠났어요.

2. 넬슨 만델라의 업적

노벨 평화상과 흑인 최초의 대통령

넬슨 만델라는 감옥에서 나온 뒤 아프리카 민족회의 의장으로서 남아프리카공화국 정부와 국민당, 민주당, 인도계 정당, 컬러드계(유색인계) 정당들과 협상을 벌였어요. 30년간 이어 온 아파르트헤이트 정책을 철폐시키고, 1993년에는 흑인들에게도 투표권을 부여하는 법안을 통과시켰지요. 이렇게 흑인 인권을 향상시켰기에 넬슨 만델라는 1993년 클레르크 당시 남아프리카공화국 대통령과 함께 노벨 평화상을 수상했어요.

그러나 협상 후반기엔 여러 단체가 협상에 반발하고 아프리카 민족회의와 갈등이 심해져서 한때 남아프리카공화국에서 서로 무력을 사용한 내전으로 갈 것이라는 얘기가 나왔어요. 하지만 다행히 흑인들의 투표권을 반대했던 단체가 스스로 무너짐에 따라 흑인들에게 1994년 첫 투표권이 주어진 선거를 치르게 되었어요. 이 선거에서 아프리카 민족회의가 과반을 훨씬 넘는 의석을 확보함에 따라 국민당, 잉카타 자유당과 남아프리카공화국 정부를 구성함으로써 분쟁이 해결되었어요. 그리고 넬슨 만델라는 남아프리카공화국 최초의 흑인 대통령으로 당선되었어요.

진정한 인권 존중과 평화를 이루다

 넬슨 만델라가 대통령이 된 후 정부에 있던 모든 백인들은 짐을 싸기 시작했어요. 자신들의 과거 잘못을 잘 알고 있었고, 흑인인 넬슨 만델라가 대통령이 되었으니 당연히 자신들을 쫓아낼 거라고 여겼어요. 그런데 넬슨 만델라는 그들의 예상과는 같지만 다르게 행동했어요.

 먼저 그들의 예상과 같았던 점은 넬슨 만델라가 '진실과 화해 위원회'를 구성해, 과거의 인권 침해 범죄에 대한 진실을 낱낱이 밝힌 거예요. 그리고 백인들의 예상과 달랐던 것은 그들을 모두 용서했다는 거예요. '용서하되 잊진 않는다.'는 구호 아래 단 한 명도 과거의 일로 처벌하지 않았고, 오히려 당시 남아프리카공화국의 위기를 함께 해결해야 한다고 강조했어요. 이러한 조치 덕분에 백인들은 마음 놓고 남아프리카공화국에 남을 수 있었고, 사회적·경제적 혼란도 막을 수 있었어요.

 넬슨 만델라는 백인들을 아파르트헤이트 시절에 벌어졌던 만행에 대해서도 관대하게 처분했고 재산을 다 빼앗아 가지 않았기에 백인들에게도 큰 존경을 받았어요.

46664 "에이즈 퇴치"

 감옥에서 보낸 27년 동안 넬슨 만델라는 이름 대신 46664라는 죄수 번호로 불렸어요. 그런데 2003년 넬슨 만델라 재단은 '46664'를 다시 외치기 시작했어요. 46664는 에이즈 치료, 연구, 교육을 위한 기금 마련 캠페인 이름이에요. 넬슨 만델라는 에이즈 퇴치는 아파르트헤이트 철폐만큼 중요하고도 힘겨운 투쟁이라고 말했어요. 1999년 대통령 퇴임 뒤 넬슨 만델라는 에이즈의 심각성을 깨닫게 되었어요. 빈곤, 성폭력 등의 이유로 에이즈가 남아프리카공화국에 걷잡을 수 없이 번지고 있었어요. 하루에 800명씩 에이즈로 목숨을 잃었고, 남아프리카공화국 인구 중 적어도 10명에 한 명꼴로 에이즈에 감염되어 있었지요. 이에 2000년 남아프리카공화국 더반에서 열린 세계 에이즈 총회를 맞아 넬슨 만델라는 에이즈는 우리 사회를 갉아먹는 보이지 않는 침묵의 적이라고 규정했어요.

2005년 1월, 넬슨 만델라는 깜짝 놀랄 소식을 세상에 발표했어요. 자신의 아들이 에이즈로 죽었다는 것이었지요. 사실 많은 사람이 에이즈에 걸린 것을 부끄러워 숨기려고만 했어요. 하지만 넬슨 만델라는더는 에이즈를 감추지 말고 암이나 결핵과 같은 일반 질병으로 바라보자고 사람들에게 이야기 했어요. 넬슨 만델라의 간절한 호소에 힘입어 에이즈는 적극적인 예방과 치료의 대상이 될 수 있었어요.

유엔 에이즈 계획(UNAIDS)의 미셸 시디비 총재는 넬슨 만델라의 업적을 이렇게 평가했어요.

"넬슨 만델라 덕분에 남아프리카공화국은 에이즈 없는 세대를 향해 전진하고 있다. 그는 아프리카의 보건 정책을 변화시켰고, 현대 에이즈 정책의 시작을 연 세계적 지도자였다."

3. 넬슨 만델라에게 배울 점

포기하지 않는 끈기

넬슨 만델라는 종신형을 받고도 감옥에서 죽는다는 생각을 한 번도 하지 않았어요. 준비만 잘하면 언젠가는 자유인이 되어 아프리카 땅을 두 발로 걸을 것이라는 긍정적인 생각을 했어요.

"나는 나와 나의 생각에 대해 포기하게 될 뻔한 시련과 어두운 순간도 많았다. 그러나 나는 절망에 굴복하지 않으려 했고 굴복할 수도 없었다. 그것은 곧 패배와 죽음의 길이었기 때문이다."

감옥 생활은 쉽지 않았어요. 46세에 처음 시작한 채석장 중노동은 몸을 고단하게 했고, 면회와 편지는 6개월에 단 한 번 가능했기에 외로움도 컸어요. 그렇지만 넬슨 만델라의 정신은 무너지지 않았어요. 흑인 죄수를 어린아이 취급하며 반바지 착용을 명령하자 불평등한 옷이라며 거부했고, 견딜 수 없이 많은 노동과 간수들의 언어폭력에는 동료들과 의도적으로 일을 천천히 하는 것으로 저항하기도 했어요.

그러던 중 넬슨 만델라가 감옥 생활을 잘하고 오히려 흑인 인권 운동을 더 잘하는 것을 걱정한 정부에서 교묘한 방법을 사용했어요. 그

것은 바로 수차례에 걸쳐 넬슨 만델라에게 탈옥하도록 유혹하는 인물을 보낸 거예요. 넬슨 만델라는 유혹을 느끼긴 했지만 거절하고 탈옥을 시도하지 않았어요. 나중에 알고 보니 탈옥을 시도하면 그것을 이유로 넬슨 만델라를 사살할 계획이었지요.

처음에는 열악했던 감옥 생활이 여러 번에 걸친 감옥 투쟁으로 점점 좋아졌고, 교도관과도 친하게 지내게 되면서 감옥에서도 넬슨 만델라는 희망을 가질 수 있게 되었어요.

넬슨 만델라는 자신에게 주어진 상황에서 절망하거나 포기하지 않으면서도 바른길을 걸어가려 애썼어요. 후에 넬슨 만델라는 자서전 《자유를 향한 머나먼 길(Long walk to Freedom)》에서 이렇게 말했어요.

"삶의 가장 큰 영광은 한 번도 실패하지 않음이 아니라, 실패할 때마다 다시 일어섬에 있다."

주변을 변화시킨 넬슨 만델라

넬슨 만델라는 감옥에서 채소밭을 만들고 묘목을 구해 나무도 심었어요. 그는 밭을 가꾸면서 자신의 인생을 살펴보는 것과 동시에 감옥을 변화시켰지요. 한번은 실수로 묘목이 죽었는데 그 묘목을 캐내어 물로 씻어 정원 한 구석에 묻어 주기도 했어요.

넬슨 만델라는 생애에서 반드시 해야 할 것이 운동이라고 했어요.

젊은 시절 넬슨 만델라는 선수 수준의 복서였지요. 감옥에서 이전에 했던 일상적인 권투 연습과 유산소, 무산소 운동을 했어요. 감방 안에서 제자리 달리기 45분, 손가락 짚고 팔굽혀펴기 200회, 윗몸 일으키기 100회, 허리 굽히기 50회 이상 등 꾸준히 운동을 했어요. 감옥 생활은 사람을 무기력하고 나태하게 만들지만 넬슨 만델라는 그러지 않았어요. 그리고 이런 모습은 다른 젊은 수감자들에게 저 늙은 넬슨 만델라도 하는데 내가 못하겠냐는 심정으로 운동을 하도록 했지요.

넬슨 만델라는 자신이 있는 곳을 변화시키는 인물이었어요. 결국 이러한 그의 모습이 남아프리카 인종 차별 정책의 철폐로 이어지게 되었지요. 작은 변화가 큰 변화를 몰고 오는 법이에요. 인간성을 죽이기 위해 가두어 놓은 감옥에서 넬슨 만델라는 더욱 성숙한 인간이 되어 1990년 2월 11일 개인적인 자유를 되찾았어요. 이것은 개인의 자유를 넘어 남아프리카인들이 '자유'를 되찾는 변화의 시작이었지요. 넬슨 만델라는 후에 이렇게 이야기 했어요.

"삶에서 중요한 것은 우리가 살았다는 단순한 사실이 아니다. 다른 사람들의 삶을 어떻게 변화시켰는지가 우리 삶의 의미를 결정할 것이다."

용서하되 잊지 마라

흑인들은 백인들로부터 심한 차별과 무시 등 부당한 대우를 받았어요. 그렇다면 당연히 복수를 생각하게 될 텐데 넬슨 만델라와 아프리카 민족회의는 달랐어요. '진실과 화해 위원회'를 구성해서 과거의 인권 침해 범죄에 대한 진실을 밝히고, 그들을 용서해 주었어요. 만델라는 이렇게 말했어요.

"용서한다. 하지만 결코 잊어서는 안 된다."

만약 '용서 못 한다. 너희도 한번 죽어봐라.'고 했다면 남아프리카공화국은 백인과 흑인의 내전이 일어났을지도 몰라요. 하지만 넬슨 만델라는 진정한 자유와 평화를 원했고, 자신이 맡은 바 그 역할을 다했어요.

훗날 넬슨 만델라는 한 인터뷰에서 어떻게 감옥 생활을 하면서 복수심이 아닌 용서의 마음을 가질 수 있었냐는 질문에 이렇게 답했어요.

"만약 내가 감옥에 있지 않았다면 인생의 가장 어려운 과제, 즉 스스로를 변화시키는 일을 달성하지 못했을 것이다. 감옥에 앉아서 생각할 기회는 바깥세상에서 가질 수 없는 기회였다."

넬슨 만델라는 27년간의 긴 감옥 생활 속에서 백인들을 용서했던 거지요.

평화와 용기는 가장 위대한 무기

"가장 위대한 무기는 평화입니다. 착한 머리와 착한 가슴은 언제나 붙어 다닙니다. 강철 같은 의지와 필요한 기술만 있다면 세상의 어떤 불행도 자기의 승리로 탈바꿈시킬 수 있습니다. 사람 간에는 무엇을 가지고 태어났느냐가 아니라, 무엇을 이루어 내느냐는 차이가 있을 뿐입니다. 어느 민족에게든 발전을 이룩하기 위한 가장 위대한 무기는 평화입니다. 눈에 보이는 상처보다 보이지 않는 상처가 훨씬 아픕니다. 남에게 모멸감을 주는 것은 쓸데없이 괴로움과 고통을 받게 만드는 것입니다. 용기란 두려움이 없는 것이 아니라 두려움을 이기는 것입니다. 남아프리카의 경험이 전 세계에 알린 것은 착한 마음을 가진 사람들이 함께 모인 곳에서는, 손댈 수 없을 것만 같던 문제조차 평화롭고 정의로운 해결을 할 수 있다는 것을 증명했다는 것입니다."

넬슨 만델라는 평화와 용기에 대해 이렇게 말하며 자신의 신념을 끝까지 지키고 실천했어요. 여러분도 인권을 지키기 위해 무엇을 할 수 있는지 찾아보고 실천해 보세요.

사회의 기초를 세워 주는
처음 사회동화 독후활동지
넬슨 만델라 선생님과 수상한 클럽

구성 강승임 이을교육연구소 소장

사회의 기초를 세워 주는
처음 사회동화 독후활동지

사회는 여럿이 모여 함께 살아가는 모든 형태의 인간 집단을 가리킵니다. 그리고 사회는 어린이들에게는 어려운 교과목이기도 합니다. 그런데 사회 교과를 잘 들여다보면 내가 속해 있는 사회의 이야기를 다루고 있다는 것을 알 수 있어요. 사회 구성원으로 살면서 꼭 알아야 하는 것들이지요. 사회 현상과 개념을 알기 쉽게 설명한 〈처음 사회동화〉를 읽고 독후활동지를 풀어 보세요. 바른 시민 의식을 가진 시민으로 성장하는 데 필요한 요소를 갖추고, 꼭 알아야 할 사회 개념을 관련 분야 주요 인물의 업적을 통해 알아보는 좋은 계기가 될 거예요.

〈사회의 기초를 세워 주는 처음 사회동화 독후활동지〉는
이렇게 구성돼요.

I. 사회의 기초 알아보기 동화 내용의 이해

동화 각 장의 소제목이기도 한 넬슨 만델라가 말한 인권 개념을 점검해 보고, 동화 속에는 그 내용이 어떻게 적용되었는지 적어 보면서 개념을 익힙니다.

II. 사회성 다지기 이해와 비판

동화를 통해 익힌 인권의 개념들을 친구들과 토론해 보고 글로 써 보며, 생각을 넓히고 동화 속에서 느낀 점을 자신의 경험과 맞물려 표현하는 능력을 키웁니다.

III. 인물 탐구 - 넬슨 만델라

부록의 내용을 바탕으로 넬슨 만델라의 삶을 이해하고, 넬슨 만델라의 삶에서 오는 교훈이 우리 생활에 어떤 도움이 되는지 적어 보며 논리적 사고를 키웁니다.

학부모 및 교사용 도움말

교과연계	〈3학년 1학기 국어㉮〉 5. 내용을 간추려요 이야기 속의 내용을 정확히 이해하자. 〈3학년 1학기 국어㉯〉 7. 아는 것을 떠올리며 이야기를 읽고 난 뒤 배운 점을 떠올리며 정리해 보자. 〈4학년 1학기 국어㉯〉 7. 의견과 근거 인물의 주장을 떠올리며 적절한 의견과 근거를 제시한다. 〈5학년 1학기 국어㉮〉 1. 인물의 말과 행동 인물의 삶을 들여다보며 배울 점을 찾는다.

I. 사회의 기초 알아보기 동화 내용의 이해

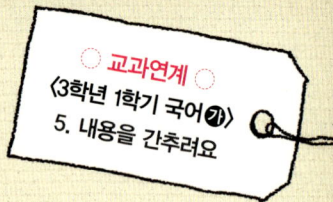

《넬슨 만델라 선생님과 수상한 클럽》 본문에는 각 장마다 넬슨 만델라가 어린이 여러분에게 전하고자 하는 인권의 개념을 소제목으로도 적어 두었어요. 동화 내용을 다시 한 번 떠올려 보며 아래 질문들에 답해 보세요. 적는 동안 자연스럽게 인권이 무엇인지 알게 될 거예요.

1. 기영이는 넬슨 만델라 선생님을 처음 만났을 때 왜 깜짝 놀라서 달아나려고 했나요?

   _____
   _____
   _____
   _____
   _____
   _____
   _____

2. 넬슨 만델라 선생님은 전단 값을 물어내라며 기영이를 윽박지르는 사장에게 뭐라고 말했나요?

   _____
   _____
   _____
   _____
   _____
   _____
   _____

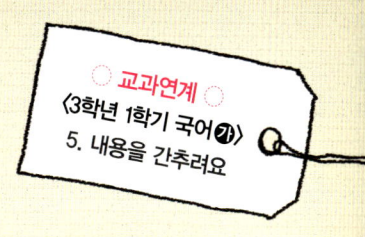

3. 넬슨 만델라 선생님은 영웅이가 모둠 활동을 할 때 성민이를 배제하는 것을 보고 어떤 점이 잘못이라고 했나요?

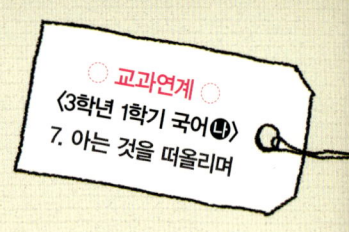

4. 넬슨 만델라 선생님이 사람을 나라와 피부색, 성별 등으로 차별하면 안 된다고 한 이유는 무엇인가요?

_____
_____
_____
_____
_____
_____
_____
_____
_____
_____

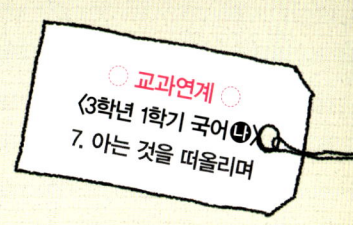

5. 설이가 WB 클럽을 그만두기로 결심한 이유는 무엇인가요?

6. '우리들의 창' 클럽은 WB 클럽을 혼내 주기 위해 어떻게 했나요? 넬슨 만델라 선생님은 이 계획이 어떤 점에서 문제라고 했나요?

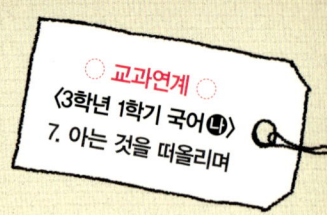

7. 넬슨 만델라 선생님은 다리를 다친 영웅이에게 친구들이 모둠 활동에서 빠지라고 한 말이 왜 배려가 아니라고 했나요?

___

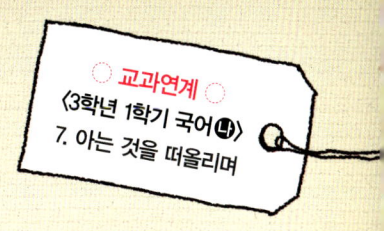

8. 넬슨 만델라 선생님은 다툼을 해결하는 가장 강력한 무기는 폭력이 아니라 대화라고 했어요. 어떤 점에서 그러한가요?

II. 사회성 다지기 이해와 비판

앞에서 살펴본 동화 내용을 바탕으로 사고를 확장시키고 아래 문제들을 친구들과 함께
토론해 보세요. 나와는 다른 다양한 입장과 해결 방안이 있다는 걸 깨닫게 될 거예요.
또한 동화를 읽고 느낀 점을 자신의 경험과 연결하여 글로 써 보세요. 나를 더 잘 표현할 수 있는 좋은 연습이 될 거예요.

> 교과연계
> 〈4학년 1학기 국어 ④〉
> 7. 의견과 근거

【친구들과 토론해 봐요】

1. WB 클럽은 공부를 잘하고 잘 사는 아이들만 가입할 수 있는 클럽입니다. 가입 기회가 모두에게 평등하게 주어지는 것이 아니지요. 이런 클럽을 조직하는 것에 대해 어떻게 생각하나요? 찬반 의견을 토론해 보세요.

_____
_____
_____
_____
_____

2. 어린이들 중에는 직접 일을 해서 용돈을 벌고 싶은 아이들도 있을 거예요. 이런 경우에도 어린이 노동을 금지해야 하는지 토론해 보세요.

_____
_____
_____
_____
_____
_____
_____
_____

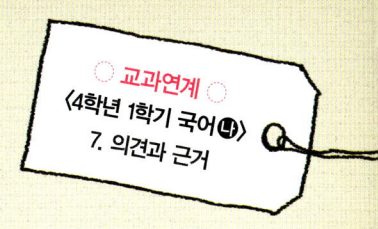

【자신의 경험을 글로 써 봐요】

3. 인권이란 무엇인지 알아보고 인권을 존중해야 하는 이유에 대해 써 보세요.

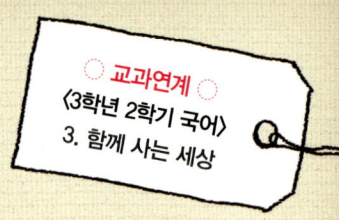

4. 새로운 동아리나 모임을 만든다면 어떤 동아리를 만들고 싶은지 소개해 보세요.

· 동아리 이름 :

· 만든 이유 및 목적 :

· 하는 일 :

· 가입 자격 :

III. 인물 탐구 - 넬슨 만델라

동화를 읽고 '넬슨 만델라는 어떤 사람일까' 하는 궁금증이 생겼나요? 이제 부록에 소개된 넬슨 만델라의 삶과 사상을 복습해 볼 거예요. 부록을 꼼꼼히 읽고 문제를 풀어 보세요.

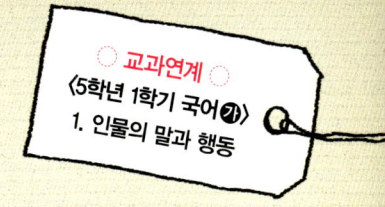

1. 넬슨 만델라가 흑인 인권 운동에 관심을 갖게 된 계기는 무엇인가요?

2. 아파르트헤이트는 무엇인가요? 넬슨 만델라는 이에 어떻게 저항하나요?

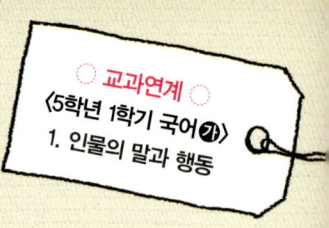

3. 대통령이 된 넬슨 만델라는 흑인과 백인의 통합을 위해 어떤 일을 하나요?

4. 넬슨 만델라는 감옥 생활을 어떻게 자신을 발전시키는 기회로 바꾸었나요?

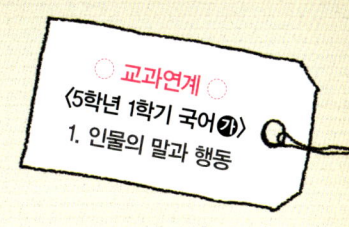

5. 평화와 용기에 대한 넬슨 만델라의 생각을 알아보고 우리가 배울 점도 생각해 보세요.

학부모 및 교사용 도움말

1. 사회의 기초 알아보기 동화 내용의 이해

1. 넬슨 만델라 선생님은 덩치가 큰 흑인이다. 기영이는 흑인 할아버지를 처음 봐서 놀란 것도 있지만 무의식중에 흑인에 대한 편견이 작용하고 두려움에 놀랐을 수 있다. 그래서 넬슨 만델라 선생님이 흑인이라는 이유로 차별 받았던 일을 듣고 더 미안한 마음이 들었을 것이다.

2. 전단지 업체 사장은 기영이가 약속한 일을 제대로 하지 못했다면서 손해 입은 비용을 내라고 윽박지른다. 이때 넬슨 만델라 선생님이 나타나 어린이는 행복한 삶을 누릴 자격이 있고 어른은 이를 도와야 할 의무가 있으며 아이에게 일을 시키는 것은 불법이라고 따끔하게 훈계한다.

3. 영웅이는 성민이의 엄마가 베트남 사람이라 피부색이 다르고 생각도 다르니 말을 나누지 않는 것이 당연한 것처럼 말한다. 그러자 넬슨 만델라 선생님이 영웅이에게 다르다고 틀린 것은 아니며 누구나 말할 기회를 가져야 한다고 충고한다. 생각이 다르면 토론을 통해 서로 의견을 조정해 나가는 사회가 민주적이며 평등한 사회이기 때문이다.

4. 나라와 피부색, 성별 등은 개인이 선택할 수 있는 것이 아니다. 이것들은 태어날 때부터 가지고 나오는 정해진 것이므로 특별한 지위를 지닐 수 없다. 공평한 기회를 통해 노력해서 획득한 것이 아니기 때문이다. 따라서 이를 차별의 근거로 삼으면 안 된다. 나아가 언어와 문화, 종교 등에 대해서도 나와 다르다고 틀렸다고 생각하면 안 된다. 내가 존중받고 싶은 것처럼 상대방도 있는 그대로 존중해야 한다.

5. 설이는 기영이, 성민이와 함께 넬슨 만델라 선생님에게 운명에 대한 이야기를 듣는다. 넬슨 만델라 선생님은 WB 규칙을 따르느라 마음에도 없는 소리를 하는 설이와, 그런 설이가 WB 클럽의 다른 아이들과 똑같다고 비난하는 기영이에게, 이 갈등의 근본적인 원인은 WB 클럽이나 상대방에게 있는 것이 아니라 스스로 문제를 해결하고 책임지려는 태도가 없기 때문이라고 말한다. 자기 운명의 주인은 자신이라는 점을 잊지 말고 무슨 일이든 스스로 선택하고 책임을 지라는 뜻이다. 이 말을 듣고 설이는 더 이상 WB 클럽에 끌려 다니지 않고 스스로 판단하고 결정하는 주인의 삶을 살기로 결심하여 클럽을 그만둔 것 같다.

6. '우리들의 창' 클럽은 WB 클럽을 혼내주기 위해 WB 클럽의 존재와 그 아이들이 저지른 부당한 일을 알리는 글을 써서 화장실에 붙였다. 그런데 넬슨 만델라 할아버지는 이 방법은 그리 떳떳하지 않다고 했다. WB 클럽 회원들에게 망신을 줌으로써 도리어 이들의 평등이나 인권을 억압할 수 있기 때문이다. 좋은 일을 하겠다는 뜻은 좋으나 그 방법이 건전하지 않다면 같은 잘못을 저지르는 꼴이 된다는 뜻이다.

7. 배려는 상대방의 상황과 처지를 진심으로 이해하여 그가 원하는 한에서 그를 도와주고 돌보아 주는 것이다. 그런데 친구들은 다리가 다친 영웅이를 배려하여 모둠 활동에서 빠지라고 한 것이 아니었다. 영웅이가 목발 때문에 걷는 속도가 느려서 이동하고 조사하는 데 시간이 걸려 빠지라고 한 것이다. 영웅이랑 함께 활동하면 오히려 자신들이 불편하고 힘들어지기 때문이다. 넬슨 만델라 선생님은 이것은 배려가 아니라 폭력이고 차별이라고 따끔하게 지적한다. 장애가 있든 없든 외적 조건에 상관없이 누구나 하고 싶은 일에 참여할 수 있도록 동등한 기회를 주어야 한다고 했다.

8. 갈등이나 다툼이 일어났을 때 이를 해결하는 방법은 크게 두 가지이다. 힘이 강한 쪽이 폭력을 행사해 무조건 따르게 하거나 서로 대화를 통해 의견을 조정하는 것이다. 넬슨 만델라 선생님은 두 번째 방법이 더 좋다고 했다. 그 이유는 서로 대화를 통해 다양한 이야기를 나누다 보면 더 좋은 결과들을 얻을 수 있기 때문이다.

II. 사회성 다지기 이해와 비판

1. **찬성 의견:** 민주주의 사회에서는 어떤 모임을 만들든 개인의 자유이다. 모임의 목적과 하는 일이 법에 크게 어긋나지만 않으면 된다. 그리고 친구들끼리 사적 모임은 더욱 자유롭게 만들 수 있다. 사생활이 보장되기 때문이다. 이런 모임의 규칙은 그 모임을 처음 만든 사람들이 정하는 것이기 때문에 그에 따라 신입 회원을 받으면 된다. 따라서 WB 클럽은 전혀 문제될 게 없다.
반대 의견: 민주주의 사회에서 모임을 만드는 것이 자유이고 사적인 모임은 사생활이다. 이것은 모두가 평등한 기회를 갖는다는 민주주의의 기본 원칙에 어긋나기 때문이다. 이런 모임은 공동체의 평등을 해치고 조건을 갖추지 못하는 사람들을 불행하게 해 결국 공동체의 화합을 가로막을 것이다. 따라서 WB 클럽 같은 차별적이고 불평등한 사적인 모임은 스스로 만들지 말아야 한다고 생각한다.

2. **금지해야 한다**: 어린이 노동은 어떤 경우에도 금지해야 한다. 어른이 억지로 시키는 경우는 물론 어린이 스스로 하고 싶은 마음이 생겨도 하면 안 된다. 아무리 스스로 선택해서 일하고 싶더라도 어른에 의해 이용당할 수 있기 때문이다. 어린이 스스로 일을 선택했다는 이유로 더 심한 일을 시킬 수 있고 이 과정에서 어린이에 대한 협박과 폭력이 발생할 수 있다. 따라서 어린이는 어떤 경우든 노동에서 보호받아야 한다.

부분적으로 허용할 수 있다: 어린이가 스스로 일하기를 원한다면 부분적으로 허용할 수도 있다. 단 어린이를 존중하는 것처럼 어린이 노동을 존중하는 법을 만들어 철저히 지키도록 해야 한다. 그리고 어린이 노동을 할 수 있는 일의 범위도 정해야 한다. 어린이가 아무리 공장에서 일하고 싶다고 해도 허용한다면 너무 위험하기 때문이다. 심부름 같은 간단한 일은 어린이도 할 수 있고, 일찍 스스로 일해서 용돈을 버는 경험을 하면 돈의 소중함과 일의 가치를 깨달을 수 있을 것이다.

3. 인권이란 사람으로서 당연히 누려야 할 권리, 곧 인간답게 살 권리를 뜻한다. 가난하든 부자든, 장애인이든 아니든, 여자든 남자든, 외국인이든 내국인이든 타고난 조건이나 부, 권력 등에 상관없이 누구나 평등하게 존중받을 권리이다. 인권을 존중해야 하는 이유는 누구나 자유롭고 행복하게 살고 싶기 때문이다. 나의 자유와 행복을 지키려면 타인의 자유와 행복도 존중해 주어야 한다. 만약 여기에 차별이 있다면 나의 자유와 행복도 침해받을 수 있을 것이다.

4. 동아리를 만들 때 가장 중요하게 고려할 점은 목적이다. 동아리에 가입한 사람들은 물론 동아리가 공동체에 기여할 수 있는 점이 무엇인지도 생각해 본다. 예를 들어 봉사 동아리를 만든다고 한다면 봉사심을 기르기 위해, 이웃과 나누는 삶을 살기 등의 목적을 설정할 수 있다. 그리고 가입 자격도 차별적인 요소가 없도록 주의해야 한다. 동아리가 하는 일에 관심이 있고 능력이 있는 사람, 배우면서 능력을 키우고 싶은 사람 등 관심사, 취미, 능력, 재주 등의 조건을 생각해 본다. 키나 외모, 성적 등 차별적인 조건은 자제한다.

III. 인물 탐구 – 넬슨 만델라

1. 넬슨 만델라는 어렸을 때 백인들이 나오는 이야기에 흑인이 노예나 강도로 등장하는 게 의문이었다. 그러던 중 자신의 후견인이자 그가 속한 부족의 족장에게 아프리카 역사의 진실을 듣게 되었다. 이때부터 넬슨 만델라는 흑인들을 위해 살겠다는 꿈을 키웠다. 직접적인 계기는 대학 때 친구가 백인에게 놀림을 당하는 것을 목격하면서였다. 이 일을 계기로 넬슨 만델라는 인

종 차별 문제를 해결하기로 결심하고 대학 졸업 후 아프리카민족회의에 가입해 산하 조직인 청년 연맹을 창설한 뒤 본격적인 활동을 시작한다.

2. 아파르트헤이트는 인종 격리 정책을 뜻하는데, 흑인과 백인을 분리하여 백인을 우대하고 흑인을 차별하는 정책이다. 공공장소, 대중교통, 교육 시설, 거주지 등 생활의 모든 영역에서 흑인을 차별했다. 넬슨 만델라는 처음에는 아프리카국민회의를 중심으로 비폭력적인 방법으로 이 문제의 부당성을 알리고 불복종하는 운동을 전개했다. 그러나 이런 방법으로는 근본적인 변화를 이끌어낼 수 없다고 판단하고 강경한 투쟁을 하게 되었다. 범아프리카회의를 결성하고 집회와 대규모 시위를 주도하고, 비밀 군대를 조직해 무장 투쟁을 시도했다. 이 과정에서 체포되어 감옥에 27년이나 수감되었다.

3. 넬슨 만델라는 대통령이 된 뒤 그동안 흑인을 차별하고 억압했던 백인들에게 복수하지 않고 그들도 남아프리카공화국의 한 국민으로서 인정했다. 그렇다고 과거 잘못을 묻은 것은 아니었다. 그는 '진실과 화해 위원회'를 구성하여 과거 인권 침해 범죄를 낱낱이 조사해 역사의 교훈으로 삼도록 했다. 그는 백인들이 저지른 잘못은 밝히되 이를 벌하지 않고 용서함으로써, 흑인뿐만 아니라 백인에게도 존경받고 남아프리카의 분열을 막고 통합의 기틀을 마련했다.

4. 넬슨 만델라는 27년 동안 감옥 생활을 하면서 백인에 대한 증오심을 키우기보다 자신의 내면에 집중하고 자신을 변화시키기 위해 노력했다. 규칙적인 운동을 하며 몸을 단련시키고 부당한 대우를 받으면 동료들과 함께 저항했다. 넬슨 만델라는 이렇게 자신을 발전시키다 보면 반드시 기회가 올 거라는 믿음으로 하루하루 최선을 다해 소중히 보냈다. 그 결과 넬슨 만델라는 내적으로나 외적으로나 더욱 강하면서도 포용력 있는 인물이 되었고 마침내 흑인이 참여한 첫 선거에서 남아프리카 공화국의 대통령이 되었다.

5. 넬슨 만델라는 가장 위대한 무기는 평화라고 했고, 용기란 두려움을 이기는 것이라고 했다. 현재 우리나라뿐만 아니라 세계를 보면 여전히 평화가 위협받고 있고 두려움을 불러일으키는 사건이 많다. 전쟁, 테러, 환경 파괴, 에이즈와 같은 질병, 기아, 혐오 범죄 등이 있다. 이를 해결해 나가는 것이 전 지구인에게 주어진 임무이다. 넬슨 만델라의 평화와 용기가 담긴 메시지는 우리에게 이 임무를 수행해 나갈 방향을 제시한다. 평화를 얻기 위해서는 모든 사람의 마음을 움직일 수 있는 평화적인 방법을 써야 한다는 것, 이를 위해 우리 마음 속 두려움과 싸워 이겨야 한다는 것이다.

사회의 기초를 세워 주는 처음 사회동화 ❸
넬슨 만델라 선생님과 수상한 클럽

1판 1쇄 발행 | 2018. 6. 29.
1판 3쇄 발행 | 2023. 1. 1.

김미애 글 | 김무연 그림 | 신동수 도움글

발행처 김영사
발행인 고세규
편집 문자영 디자인 김민혜
등록번호 제 406-2003-036호
등록일자 1979. 5. 17.
주　소 경기도 파주시 문발로 197(우10881)
전　화 마케팅부 031-955-3100 편집부 031-955-3113~20
팩　스 031-955-3111

ⓒ 2018 김미애, 김무연
이 책의 저작권은 저자에게 있습니다. 저자와 출판사의 허락 없이 내용의 일부를 인용하거나
발췌하는 것을 금합니다.

값은 표지에 있습니다.
ISBN 978-89-349-8208-1 74810
ISBN 978-89-349-7958-6(세트)

좋은 독자가 좋은 책을 만듭니다. 김영사는 독자 여러분의 의견에 항상 귀 기울이고 있습니다.
전자우편 book@gimmyoung.com | 페이지 www.gimmyoungjr.com

이 도서의 국립중앙도서관 출판시도서목록(CIP)은 서지정보유통지원시스템 홈페이지(http://seoji.nl.go.kr)와
국가자료공동목록시스템(http://www.nl.go.kr/kolisnet)에서 이용하실 수 있습니다.
(CIP제어번호 : CIP2018019590)

어린이제품 안전특별법에 의한 표시사항
제품명 도서　제조년월일 2023년 1월 1일　제조사명 김영사　주소 10881 경기도 파주시 문발로 197
전화번호 031-955-3100　제조국명 대한민국　⚠주의 책 모서리에 찍히거나 책장에 베이지 않게 조심하세요.